D3양육시스템 보충훈련교재
소그룹 전도훈련

누구나 **전도꾼**이 되는
Q&A 전도훈련

안창천 박사 지음

우리 하나

책을 열며

　D3 양육시스템은 평신도를 세계에서 가장 빠르고 단순하게 사역자로 만드는 시스템입니다. 그러나 빠르게 평신도사역자가 되는 것으로 끝나서는 안됩니다. 사역자가 된 후 계속해서 보충훈련을 받아 성숙한 사역자가 되어야 합니다. 본서는 D3양육시템 보충훈련교재(6권) 중 첫 번째 책으로써 저자가 수십 년간 평신도들에게 전도훈련한 자료들을 정리하여 출판한 것입니다. 특별히 소그룹으로 목회자가 평신도들을, 평신도사역자가 다른 평신도를, 평신도 스스로가 Q&A로 훈련할 수 있도록 만든 전도훈련교재입니다. 평신도들이 사역하는 중 계속되어지는 보충훈련으로 성숙한 사역자가 되어 잃어버린 영혼을 구원하는 일에 앞장설 뿐만 아니라, 평신도들을 양육하고 훈련하는 탁월한 평신도사역자가 될 것입니다.

　D3양육시스템의 적용으로 건강하고 행복한 교회 만들기와 세계복음화의 꿈을 안고 함께 동역하는 목사 제자반 목회자님들(박승신목사, 윤시영목사, 차임순전도사, 문은양목사, 정근호전도사), 수차례에 거쳐 원고를 교정해주신 박승신목사님(동인교회), 흔쾌히 추천서를 써주신 전 하버드대 교수이며 좋은 학교 대표이신 박기천 목사님, 본 교재를 아름답게 디자인해주신 구유디자인의 김효중집사님, 특별히 평신도사역형교회 전환도우미와 노인복지 신앙생활공동체 비전을 이루기 위해 뜨겁게 헌신하는 우리가하나되는교회의 모든 평신도사역자들과 성도들께 깊은 감사의 마음을 전합니다.

2007년 7월 1일
상수동에서 안창천

전도꾼이 되기 위해서는 먼저 전도하겠다는 마음이 불타올라야 하고, 전도하는 방법을 익혀야 하고, 전도 현장에 성령께서 함께 하셔야 하고, 전도를 지속적으로 해야 한다. 본서는 이 모든 것을 가능하도록 Q&A로 훈련하는 교재이다.

교회에서 목회자가 소그룹으로 평신도들을 훈련시키거나, 평신도 사역자가 일대일로 다른 평신도들을 훈련시키거나, 성도들이 스스로 전도 훈련을 하기에 탁월한 교재이다.

누구나 전도꾼이 되는
Q&A 전도훈련

책을 열며 • 3

제 1 훈련마당 | 전도훈련 워밍업 • 7

제 2 훈련마당 | 전도, 왜 • 17

제 3 훈련마당 | 전도, 무엇을 • 29

제 4 훈련마당 | 전도, 어떻게 • 39

제 5 훈련마당 | 지피지기知彼知己와 전도의 절박성 • 51

제 6 훈련마당 | 현장 전도 실제 연습 • 63

제 7 훈련마당 | 반대 의견 설득 훈련 • 77

제 8 훈련마당 | 전도꾼의 능력 개발 • 93

부록
본서 길라잡이
간증 전도법 | 영적지도 전도법 | 소책자 전도법
월삭 전도법 | 삼겹줄 기도 전도법 | 입주아파트 전도법
전도용품 구입방법

제 1 훈련마당
전도훈련 워밍업

훈련목표
전도훈련을 하기 전 전도자가 가져야 할
기본적인 자세들을 갖게 한다.

 전도자는 지금 죽어도 천국에 갈 수 있다는 확신이 있어야 합니다. 당신은 이 확신이 있습니까? 그렇다면 그 이유는 무엇이고, 그렇지 않다면 그 이유는 무엇입니까?

예수님을 믿은지 오래 되었고 교회에서 중직을 맡고 있음에도 지금 죽으면 천국에 갈 수 있다는 확신을 가진 분이 예상외로 많지 않습니다. 그 이유는 대체적으로 2가지 중에 하나일 것입니다. 죄 사함의 확신이 부족하거나, 뭔가 착한 일을 많이 해야지만 천국에 들어갈 수 있다고 생각하기 때문입니다.

 그러나 예수를 믿는 순간 과거와 현재와 미래에 지을 죄까지 다 용서를 받았으므로 죄 때문에 지옥에 가지는 않습니다. 예수를 믿은 후에 짓는 죄는 지옥과 관계있는 것이 아니라 상급과 관계가 있음을 알아야 합니다. 또한 천국은 믿음으로 가는 것이지 행함으로 가는 것이 아니기 때문에 뭔가 선을 행해야지만 구원 받을 수 있다고 생각하는 것은 잘못된 생각입니다. 이것은 타 종교의 구원관입니다. 구원은 전적으로 하나님의 은혜요, 선물임을 알아야 합니다(엡 2:8-9).

> **깜짝 놀랄 세가지**
> 천국에 가면 깜짝 놀랄 일이 세가지 있습니다. 첫째는, 천국에 오지 못할 것이라고 생각한 사람이 와 있는 것이고 둘째는, 올 것이라고 생각한 사람이 오지 못한 것이고 셋째는, 나 자신이 그 곳에 있다는 것입니다.

 하나님께서 우리를 구원하셨고, 지금까지 살아있게 하셨습니다. 그 이유가 무엇이라고 생각하십니까?

A 하나님께서 왜 우리를 구원하셨을까요? 그것은 우리가 받은 구원을 다른 사람들에게 선전하도록 하기 위해서입니다(벧전 2:9). 즉 전도자가 되게 하시기 위해서입니다. 따라서 구원받은 사람은 모두 전도자가 되어야 합니다.

왜 하나님께서 지금까지 우리를 살려주셨을까요? 그것은 아직 복음 전할 사명이 끝나지 않았기 때문입니다. 사도 바울이 복음 전하는 사명을 생명보다 중요하게 여기고 전도하였듯이(행 20:24), 우리도 복음 전하는 것을 인생에 가장 중요한 것으로 생각해야 합니다. 전도는 부업(副業)이 아니라 본업(本業)입니다.

• • •

 예수께서 제자들에게 "추수할 것은 많되 일군은 적으니 그러므로 추수하는 주인에게 청하여 추수할 일군들을 보내어 주소서 하라"고 하시고 곧 바로 열두 제자를 부르셔서 그들을 훈련하시고 전도 현장으로 보내셨습니다(마 9:37-10:6). 이것을 통하여 우리가 무엇을 깨달을 수 있습니까?

AD3 예수께서 추수할 일군을 보내 달라고 기도하라 하신 후 곧 바로 제자를 부르시고 훈련을 시키셔서 전도하도록 파송하신 것은 추수하는 일꾼은 기도와 훈련으로 만들어진다는 것을 교훈하신 것입니다. 그런데 일반적으로 교회들이 어떻게 하고 있습니까? 보내 달라고 기도만 하고 훈련을 해서 전도꾼을 만들려고는 하지 않습니다. 그러나 추수할 일꾼을 보내달라고 기도한다고 다른 교회에서 충성스럽게 전도하는 일꾼이 오는 것이 아닙니다. 문제있는 성도들이나 다른 교회로 옮겨가는 것입니다. 그렇기 때문에 본 교회의 성도나 불신자를 전도해서 전도자로 훈련시킬 마음을 가져야 하는 것입니다.

• • •

누구든지 예수를 믿으면 하나님의 자녀가 되고 장차 천국에 들어갑니다. 그러나 혼자서만 천국에 들어가면 안 됩니다. 왜 그럴까요?

AD3 천국은 경쟁해서 이긴 자만이 가는 곳이 아니라 더불어 함께 가야 하는 곳이기 때문입니다. 하나님은 모든 사람이 구원받기를 원하십니다. 한 영혼이라도 잃어버리는 것은 아버지의 뜻이 아닙니다 (눅 15장- 잃은 양 비유, 열 드라크마 비유, 탕자의 비유). 이 세상에서는 다른 사람을 제치고 1등을 해야 상을 받지만, 천국은 많은 사람을 데리고 가야 상을 받습니다(단 12:3). 오히려 혼자 가면 호된 책망을 받는다는 것을 알아야 합니다(겔 3:17-21).

• • •

Q5 예수께서 승천하시면서 제자들에게 "오직 성령이 너희에게 임하시면 너희가 권능을 받고 예루살렘과 온 유대와 사마리아와 땅 끝까지 이르러 내 증인이 되리라"(행 1:8)고 하셨습니다. 이 말씀은 복음을 전하기 위해서는 성령의 충만을 받아야 한다는 것입니다. 왜 그럴까요?

AD3 첫째로, 성령은 예수를 증거하는 영이기 때문입니다.
"내가 아버지께로서 너희에게 보낼 보혜사(保惠師) 곧 아버지께로서 나오시는 진리의 성령이 오실 때에 그가 나를 증거하실 것이요"(요 15:26).

본문에서 '그'는 성령을, '나'는 예수를 의미합니다. 즉 성령께서 예수를 증거하기 위해서 오셨기 때문에 복음을 전하기 위해서는 반드시 성령의 충만을 받아야 합니다.

둘째로, 우리의 힘으로는 마귀에 붙잡혀 있는 자들을 구출해 낼 수 없기 때문입니다. 따라서 전도하기 위해서는 성령의 충만으로 권능을 받아야 합니다. 성경은 우리가 성령의 충만을 입어 권능을 받아야 복음을 증거할 수 있다고 말씀하고 있습니다(행 1:8; 행 10:38). 성령충만과 전도는 불가분의 관계에 있습니다.

• • •

 어떻게 하면 성령의 충만을 받을 수 있을까요?

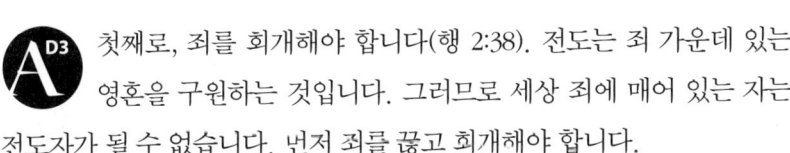

첫째로, 죄를 회개해야 합니다(행 2:38). 전도는 죄 가운데 있는 영혼을 구원하는 것입니다. 그러므로 세상 죄에 매어 있는 자는 전도자가 될 수 없습니다. 먼저 죄를 끊고 회개해야 합니다.

둘째로, 기도해야 합니다(행 4:31; 눅 11:13). 기도와 성령 충만은 비례합니다. 구하는 자에게 성령의 충만을 주십니다. 초대교회가 기도하기를 힘썼을 때에 성령의 충만을 받았습니다.

셋째로, 성령을 사모해야 합니다. 하나님은 사모하는 영혼을 만족하게 하십니다(시 107:9). 성령 충만을 사모할 때에 성령의 충만을 주십니다.

 스테반을 비롯하여 많은 초대교회의 성도들이 복음을 증거하다가 순교했습니다. 모두 한 번은 죽어야 하는데 어떻게 죽는 것이 가장 값진 죽음이 될 수 있을까요?

사도행전 1장 8절의 '증인'이 되라는 말은 '순교자'가 되라는 뜻입니다. 즉 성령의 충만을 받으면 예수를 증거하다가 순교하는 것은 당연한 것입니다(영어로 순교자를 'martyr'라고 하는데 이 말은 증인이라는 헬라어 '말투스(martus)'에서 나온 것입니다).

예수께서 "사람이 친구를 위하여 자기 목숨을 버리면 이에서 더 큰 사랑이 없나니"(요 15:13)라고 하셨듯이 예수님을 향한 최고의 사랑은 그분을 증거하다가 죽는 것입니다. 사람은 누구나 한 번은 죽습니다. 자연사이든 사고사이든 한 번은 죽어야 합니다. 그런데 우리가 주님을 증거하다가 죽는다면 얼마나 영광스러운 일이 되겠습니까?

함께 외쳐봅시다. "내 평생 주님을 증거하다가 죽으리라"

> **보좌에서 일어나신 예수님**
>
> 성경은 예수께서 하나님 우편에 앉아계시다고 말씀하고 있습니다(눅 22:69; 골 3:1). 그런데 사도행전 7장 55절을 보면 예수께서 "하나님 우편에 서셨다"고 말씀하고 있습니다. 왜 하나님 보좌 우편에 앉아계셨던 주님이 일어나셨을까요?
>
> 그것은 스테반이 복음 증거하다가 죽는 모습을 보시고 가만히 앉아 계실 수가

없으셨기 때문입니다. 이것은 경기를 관람하다가 자기 팀이 잘하면 벌떡 일어나서 뜨겁게 응원하는 것과 같은 이치입니다. 우리도 순교를 각오하고 복음을 전하면 하나님 보좌 우편에 앉아계신 주님이 일어나셔서 응원하실 것입니다.

전도자의 사명

 닭과 개와 돼지가 하나님 앞에 불려갔습니다. 너희들은 세상에서 어떻게 살다가 왔느냐고 묻자, 닭은 "나는 새벽마다 꼬기오 하고 울어서 사람들에게 시간을 알려 주었습니다"라고 했습니다. 그러자 하나님께서 "그래, 그러면 내가 너에게 벼슬을 준다"고 하셔서 닭 머리에 벼슬이 있게 된 것입니다.

 하나님께서 개에게도 마찬가지로 물어보셨습니다. 그러자 개는 "저는 농부들이 열심히 농사를 지어서 모아놓은 것들을 도둑들이 훔쳐가지 못하도록 짖었습니다." 그러자 하나님께서 개에게도 상급을 주셨는데 그 상급이 오른쪽 뒷다리입니다. 개들이 반드시 뒷다리를 들고 오줌을 누는 것은 하나님께서 하사한 다리에 오줌이 튀면 안 되기 때문입니다.

 마지막으로 돼지에게 "무엇을 하였느냐"고 묻자, "저는 날마다 먹고 잤다"고 했습니다. 그러자 하나님이 "칼을 가져오라"고 하시며 주둥이를 자르셔서 코와 입이 같이 있게 된 것입니다.

 웃기 위해 만든 이야기이지만 여기에도 깊은 뜻이 있습니다. 사명을 감당한 자에게는 상급이 있고, 그렇지 않은 자에게는 하나님의 심판이 있다는 것입니다. 주님께서 주신 전도 사명을 잘 감당해서 이 세상에서뿐만 아니라 하늘나라에서도 큰 상을 받아야 합니다.

제 2 훈련마당
전도, 왜(Why)

훈련목표
전도의 필요성과 이유를 분명히 깨닫게 하여
전도하고 싶은 마음으로 충만케 한다.

지난 훈련마당 복습

1. 전도자는 지금 죽어도 천국에 갈 수 있다는 확신을 가져야 합니다.
2. 왜 하나님께서 자신을 구원하시고, 지금까지 살려주셨는지 그 이유를 분명히 알고 있어야 합니다.
3. 천국은 혼자 가면 호된 책망을 받는 곳임을 알아야 합니다.
4. 복음전의 원동력은 성령이기 때문에 전도자는 먼저 성령의 충만을 받아야 합니다.

D3 한마디

전도의 피그말리온 효과

누군가에 대한 사람들의 믿음, 기대, 예측이 상대에게 그대로 실현되는 경향을 가리켜 '피그말리온 효과'라고 부릅니다. 즉 피그말리온 효과는 '자기 충족적 예언(Self-fulfilling prophecy)', 즉 어떻게 행동할 거라는 주위의 예언이나 기대가 행위자에게 영향을 미쳐 결국 그렇게 행동하도록 만든다는 이론입니다.

그렇습니다. 처음에는 뭔가를 기대할 수 있는 상대가 아니었다 해도 마음속으로 믿고 행동함으로써 상대를 자신이 원하는 대로 변하게 만드는 신비한 능력이 우리 마음에 있습니다. 우리가 생각만 바꾸면 누구든지 유능한 전도꾼이 될 수 있고 만들 수 있습니다. 스스로 전도를 잘할 수 있다는 생각을 가질 뿐만 아니라 상대방이 그렇게 할 수 있을 것이라고 믿고 말해야 합니다. 예수께서 갈릴리 어부들에게 "너희는 온 천하에 만민에게 복음을 전하라"고 말씀하신 대로 그들은 세상에 흩어져 복음의 증인이 되었습니다. 주님께서 능력을 주시면 우리는 무엇이든지 할 수 있습니다(빌 4:13).

 전도하기에 앞서 '전도'에 대한 바른 이해가 필요합니다. 당신은 전도가 무엇을 전하는 것이라고 생각하십니까?

전도하기 전 전도가 무엇인지를 정확히 알아야 합니다. 한자어로 전도란 '도'를 전하는 것입니다. '도'는 헬라어로 '호도스'라고 하며 '길'이라는 뜻을 가지고 있습니다. 그런데 어떤 길을 전해야 할까요? '하나님께 이르는 길'을 전해야 합니다.

그러면 어떤 길이 하나님께 이르는 길일까요? 요한복음 14장 6절에 "예수께서 가라사대 내가 곧 길이요 진리요 생명이니 나로 말미암지 않고는 아버지께로 올 자가 없느니라"고 말씀하신대로 예수님이 길입니다. 즉 예수님을 전하는 것이 전도입니다.

그러면 예수님을 전하되 구체적으로 무엇을 전해야 할까요? 예수께서 생명의 주님이시며, 우리의 죄를 위하여 십자가에 죽으시고 부활하셨다는 사실을 전해야 합니다(행 3:15). 즉 복음을 전하는 것이 전도입니다. 전도를 한다고 하면서 복음을 전하지 않는 것은 껍데기 전도에 불과합니다.

 전도는 하나님께서 모든 그리스도인에게 주신 명령입니다. 그런데 왜 사람들이 이 명령에 순종하지 않을까요? (자신의 경험에 비추어서 생각하면 쉽게 알 수 있습니다).

첫째로, 하나님의 마음을 모르기 때문입니다.
하나님의 최대 관심은 영혼구원입니다. 그것을 어떻게 알 수 있을까요? 먼저 예수께서 이 세상에 오신 목적이 무엇인지를 알면 됩니다. 마가복음 1장 38절은 "우리가 다른 가까운 마을들로 가자 거기서도 전도하리니 내가 이를 위하여 왔노라"고 말씀하고 있습니다.

다음은 부모의 입장에서 생각해보면 알 수 있습니다. 부모에게 잃어버린 자식을 찾는 것보다 더 중요한 일이 어디 있겠습니까? 하나님의 최대 관심은 마귀에게 빼앗긴 자녀를 다시 자신의 자녀로 찾아오는 것입니다. 따라서 우리의 인생에 있어서 가장 중요한 일은 잃어버린 영혼을 구원하는 것입니다. 우리가 기도하고 말씀을 읽고 사랑을 행하는 것도 결국은 영혼을 구원하기 위한 것임을 알아야 합니다. 하나님께서 당신에게 가장 원하시는 것은 영혼 구원입니다.

둘째로, 빚진 자의 마음이 없기 때문입니다.
바울은 로마서 1장 14절에서 "헬라인이나 야만이나 지혜있는 자나 어리석은 자에게 다 내가 빚진 자라"고 말하고 있습니다(참조, 롬 8:12). 바울이 수차례에 거쳐 전 세계에 다니면서 복음을 전한 것은 이와 같이 빚

진 자의 마음이 있었기 때문입니다. 빚을 졌어도 빚 진자의 마음이 없으면 빚 갚을 생각을 하지 않습니다. 당신에게 사도 바울처럼 빚진 자의 마음이 있습니까?

셋째로, 마귀의 전략에 속기 때문입니다.
누구든지 예수를 믿으면 마귀의 자녀에서(요 8:44) 하나님의 자녀가 됩니다(요 1:12). 그렇기 때문에 마귀는 예수를 믿지 못하도록 모든 수단과 방법을 동원해서 전도하지 못하게 합니다. 당신이 전도해야 된다는 사실을 알고 있음에도 불구하고 전도하지 않는 것은 마귀의 교활한 전략에 넘어가고 있다는 증거입니다. 어느 때까지 마귀에게 속아 잃어버린 영혼을 찾는 일에 무관심하겠습니까?

넷째로, 잃어버린 영혼을 불쌍히 여기는 마음이 없기 때문입니다.
예수를 믿지 않는 사람들은 정말 불쌍한 사람들입니다. 왜냐하면 이 세상에서 잠시 동안은 잘 사는 것 같이 보여도 죽은 다음에는 심판 받아 지옥에 가서 영원히 고통을 당해야 하기 때문입니다. 예수께서 자신을 따르는 자들에게 복음을 증거하셨던 것은 그들을 불쌍히 여기는 마음을 가지셨기 때문입니다(마 15:22). 우리가 이 마음을 가지지 않으면 절대로 복음을 증거할 수 없습니다.

다섯째로, 전도를 어떻게 하는지 모르기 때문입니다.
교회는 예배, 가르침, 전도, 교제 등의 사명을 가지고 있지만 한국 교회는 주로 예배를 드리는 일에만 치중을 해왔습니다. 그러다 보니 집사, 권사, 장로가 되었어도 전도를 제대로 할 줄 모릅니다. 이제부터는 신앙생활을 예배 중심에서 전도 중심으로 바꾸어야 합니다. 당신도 전도훈련을 받으면 유능한 전도꾼이 될 수 있습니다.

여섯째로, 전도에 대한 두려운 마음이 있기 때문입니다.

왜냐하면 전도하다가 망신을 당하거나 핍박을 당할지도 모른다는 생각 때문입니다. 전도하다 보면 알게 되지만 전도자를 환대하는 사람은 별로 없습니다. 거의가 문전 박대합니다. 그러나 전도할 때에는 주님이 더욱 더 함께 하시기 때문에 두려워할 필요가 없습니다(마 28:19-20; 마 10:31).

일곱째로, 영혼보다 물질을 사랑하기 때문입니다.

오늘날 그리스도인들이 전도하지 못하는 가장 큰 이유는 영혼보다 물질을 더 사랑하기 때문입니다. 돈을 사랑하는 사람은 여러가지 올무와 시험에 빠져 영혼을 사랑할 만한 심적인 여유를 가지지 못하기 때문에 전도할 수 없습니다(딤전 6:9-10). 당신은 돈과 주님 중 어떤 것을 더 사랑합니까?

> **돈보다 영혼을 사랑합시다**
>
> 허드슨 테일러라는 선교사가 고국에 돌아가 선교보고를 하던 중 상해에서 영파로 가던 도중에 일어난 사건을 소개했습니다. 승객가운데 피터라는 중국인 청년이 같이 탔었는데 그가 뱃전에서 장난을 치다가 그만 물에 빠지게 되었고 잠깐 사이에 사나운 물결에 휩쓸렸습니다.
>
> 그 순간 허드슨 테일러는 깜짝 놀라서 근처에 고기를 잡던 어부들을 향하여 "어서 그물을 던져 물결에 휩쓸린 청년을 건져 달라"고 소리 쳤습니다. 그런데 테일러의 아우성을 들은 어부들은 오늘 고기잡는 일이 바쁘니까 그럴 수 없다면서 들은 척도 하지 않았습니다.
>
> 그래서 허드슨 테일러는 하도 다급하여 그들을 향하여 지금 당장 30원을 줄테니 어서 건져달라고 요청을 하였습니다. 그러자 그들은 10원만 더 얹어달라며 늑장을 부렸습니다. 그래서 40원을 주겠다고 하자 그렇게 하겠다고 대답을 하였습니다. 하지만 여기저기 그물을 던져 겨우 그 청년을 건져 올렸을 때는 이미 늦고 말았습니다. 애써 인공호흡을 시켜보았지만 살아나지 못하였습니다.
>
> 이 이야기를 듣고 있던 청중가운데 몇 사람이 자리를 박차며 소리를 쳤습니

다. "세상 천지에 그런 야박한 놈들이 어디 있어! 죽어가는 청년을 두고 몇 푼 돈으로 흥정까지 하다가 기어코 죽도록 만들다니 그런 날벼락 맞을 놈들이 어디 있단 말이오" 그러자 허드슨 테일러는 손을 저어 청중을 진정시킨 후 차분한 태도로 다음과 같이 말을 이어갔습니다.

"자 여러분 지금 여러분은 그 청년을 죽도록 만든 어부들의 야박한 태도를 들으면서 통분을 터뜨렸습니다. 그런데 지금 광활한 중국 땅에 살고 있는 사람들은 그리스도의 이름을 한 번도 들어보지 못한 채 한 달이면 1백만 명 이상이 죽어가고 있습니다. 1년이면 1천 2백만 명이 멸망의 구렁텅이로 떨어져 가고 있습니다. 그런데도 불구하고 이런 엄청난 비극적인 일에는 전혀 관심조차 두고 있는 사람이 없으니 이 얼마나 안타까운 일입니까?"

그렇습니다. 우리가 돈을 너무 사랑하는 나머지 죽어가는 영혼들에 관심이 없기 때문에 수없이 많은 영혼들이 지옥을 향해 달려가고 있다는 사실을 명심해야 합니다.

여덟째로, 지옥의 실재와 고통을 실감하지 못하기 때문입니다.

지옥이 정말로 있다고 믿고 또 그곳이 어떤 곳인지를 안다면 사랑하는 사람들을 지옥에 가도록 내버려 두지 않을 것입니다. 우리가 전도하지 않는 것은 지옥이 정말 어떤 곳인지를 모르기 때문입니다. 성경은 지옥을 고통이 영원한 곳(막 9:45-47) 이라고 말씀하고 있습니다. 한 사람도 지옥에 들어가게 해서는 안됩니다.

 많은 그리스도인들이 예배와 각종 성경공부와 기도회에는 참석하지만 전도는 하지 않습니다. 이로 인하여 교회 안에 어떤 현상들이 나타나고 있습니까?

 현대인들이 영양 과잉 섭취로 인한 고급 병에 걸려있듯이 많은 성도들이 고단백질의 말씀을 듣고 움직이지를 않아 영적인 비만 중에 걸려있습니다. 전도 없는 기도회, 부흥회, 성경공부와 제자양육은 성도들의 귀만 크게 하고 교만하게 할 뿐입니다. 영적 비만증을 치료하는 유일한 길은 전도밖에 없습니다. 전도는 현대인들의 영적 비만을 치료하는 명약입니다. 왜냐하면 전도는 영혼의 격렬한 운동이기 때문입니다.

・・・

 모든 그리스도인은 영혼을 구원하는 일에 최선을 다해야 합니다. 전도하지 않아도 되는 그리스도인은 한 사람도 없습니다. 왜 모든 그리스도인이 전도자가 되어야 할까요?

 첫째로, 전도는 주님의 유언적 명령이기 때문입니다.
성경에는 많은 명령이 있습니다. 그런데 전도 명령은 주님의 유

언적 명령이기 때문에(딛 1:3; 마 28:19; 눅 24:47; 요 20:21; 행 1:8; 마 24:14), 그 어떤 명령보다도 우선적으로 순종해야 합니다.

둘째로, 하나님께서 가장 기뻐하시는 일이기 때문입니다.
하나님은 의인 99명보다 죄인 1명이 주님께 돌아오는 것을 더 기뻐하십니다(눅 15:10). 하나님의 최고 기쁨은 잃어버린 자녀가 주님께 돌아오는 것입니다. 주님이 기뻐하시는 일이 무엇인지 알기 위해 애쓰고 있습니까? 그렇다면 잃어버린 영혼을 구원하는 일에 마음과 물질과 시간을 사용하십시오.

셋째로, 불신자들은 정말 불쌍한 자들이기 때문입니다.
왜 그럴까요? 그것은 죄로 말미암아 하나님을 떠나 온갖 저주 가운데서 살다가 죽은 후에는 지옥에서 영원히 고통을 당해야 할 자들이기 때문입니다. 세상 사람들의 행복은 풀의 꽃과 같습니다(벧전 1:24-25). 즉 풀의 꽃이 잠시 동안은 아름다워도 결국은 시들면 불속에 쳐 넣게 되듯이 세상 사람들의 영광이 다 이와 같음을 알아야 합니다.

넷째로, 전도는 인간을 구원하시는 하나님의 방법이기 때문입니다.
전도가 미련해보이지만 하나님께서 전도를 통하여 영혼을 구원하시기로 작정하셨기 때문에 우리는 한 사람 한 사람에게 찾아가서 전해야 합니다(고전 1:21).

다섯째로, 전도하지 않으면 하나님의 징계가 있기 때문입니다.
전도는 주님의 준엄한 명령이기 때문에 순종하지 않으면 화가 있습니다. 사도 바울은 만일 복음을 전하지 아니하면 자신에게 화가 있을 것이라고 했습니다(고전 9:16). 특별히 복음을 전하지 않으면 육신에 환난이 있음을 알아야 합니다.

혹 가정에 환난의 바람이 불고 있습니까? 그렇다면 영혼을 구원하는 일에 뛰어들기 바랍니다.

> **환난은 전도하라는 메시지**
>
> 사도행전 1장 8절과 8장 1절을 보십시오. 주님께서 승천하시면서 제자들에게 "오직 성령이 너희에게 임하시면 너희가 권능을 받고 예루살렘과 온 유대와 사마리아와 땅 끝까지 이르러 내 증인이 되리라"고 말씀하셨습니다. 그러나 예루살렘교회는 그렇게 하지 않았습니다. 예루살렘에만 머물러 있었습니다. 그러자 그들에게 어떤 일이 일어났습니까?
>
> 사도행전 6장에 나오는 헬라파 유대인들이 자기의 과부들이 매일 구제에 빠지는 일이 일어나서 교회에 내부적으로 환난이 몰아닥칩니다. 그 때에 열두 사도가 즉시 깨닫고 "이 일을 저희에게 맡기고 우리는 기도하는 것과 말씀 전하는 것을 전무하리라"(행 6:3-4)고 결단합니다. 그러나 계속해서 복음이 예루살렘에만 머물자 하나님께서 예루살렘에 큰 환난이 일어나게 하셨습니다. 그제야 예루살렘교회가 깨닫고 사도 외에는 유대와 사마리아 모든 땅으로 흩어져서 복음을 전하였던 것입니다.
>
> 평양이 제2의 예루살렘이라고 할 정도로 신앙이 뜨거웠지만 그들이 흩어져 복음을 전하지 않자 하나님께서 6.25 전쟁을 통하여 그들을 강제로 흩어버리셨음을 깨달아야 합니다.

여섯째로, 전도하면 하나님의 상을 받기 때문입니다.

전도하는 자에게는 금생과 내생에 상이 주어집니다(막 10:28-30). 전도할 때에 막혔던 문을 열어주시고, 건강과 물질도 주십니다(고전 9:1-14). 또한 영육이 강건해지고 교회가 부흥되는 유익이 있습니다(행 2:47). 특별히 천국에서 하늘의 별과 같이 영원토록 비취는 축복을 받게 됩니다(단 12:3).

> 이와 같이 전도는 삼중적인 유익, 즉 하나님께서 가장 기뻐하시고, 불신자가 구원을 받고, 성도에게 복이 되기 때문에 반드시 해야 합니다.

전도하지 않는 죄

2차 대전 후 독일 기독교의 대표적인 지도자였던 마르틴 니뮐라라는 목사가 '2차 대전 책임 백서'라는 것을 발표해 굉장한 논쟁을 불러일으킨 일이 있습니다. 2차 세계 대전의 발발에 대해 그는 히틀러를 비방하기 보다는 독일 교회와 독일 그리스도인들에게 주로 책임을 물었습니다. 그가 히틀러를 노골적으로 비난하지 않는 것에 대해 대부분의 사람들은 납득할 수 없다는 입장이었습니다. 이때 그는 다음과 같은 간증을 했다고 합니다.

"저는 그동안 일곱 차례에 걸쳐 동일한 꿈을 꾸었습니다. 그것은 제가 주님의 심판대 앞에서 주님의 질문에 대답을 하고 지나가는데 제 뒤에 있던 사람의 목소리가 들렸습니다. 예수께서 "너는 왜 나를 믿지 않았느냐?"고 물으시자, 그 사람은 "아무도 저에게 예수 그리스도를 증거한 사람이 없었습니다."고 대답했습니다. 목소리가 익숙해서 돌아보니 그는 다름 아닌 아돌프 히틀러 였습니다.

이 사건이 제 삶을 바꾸어 놓았습니다. 그때까지 그가 죽기를 바란 적은 수없이 많았지만 그의 영혼을 위해서 기도한 적이 없었다는 사실을 새롭게 인식하게 된 것입니다. 우리 독일 그리스도인들은 그에게 복음을 전하기 위해서 진지하게 접근하지 않은 것에 모두 책임을 느껴야 할 것입니다."

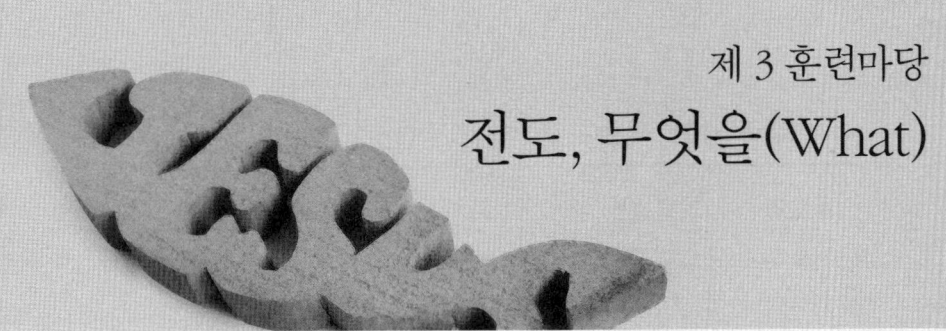

제 3 훈련마당
전도, 무엇을(What)

훈련목표

전도는 복음을 전하는 것이다.
복음이란 예수께서 십자가에 죽으시고 부활하신 것이다.
본 훈련마당은 이것을 논리적으로 이해하고
전할 수 있도록 훈련한다.

지난 훈련마당 복습

1. 전도란 무엇일까요?
2. 전도하지 않으면 교회안에 어떤 영적 현상이 일어날까요?
3. 왜 사람들이 전도하지 않을까요?
4. 왜 우리가 전도해야 할까요?

> **D3 한마디**
>
> **윌리암 캐리 – 하나님으로부터 큰 일을 기대하려면 하나님을 위해 큰 일을 시도하라 Expect great things from God; attempt great things for God.**
> 우리가 큰 일을 기대한다면 하나님을 위하여 큰 일을 시도해야 합니다. 하나님을 위하여 우리가 할 수 있는 큰 일이 무엇이겠습니까? 생명을 구원하는 것입니다. 그렇습니다. 인생에서 가장 위대한 일은 생명을 구원하는 일입니다. 그리고 생명을 구원하는 유일한 방법은 복음을 전하는 것입니다.

 복음을 어떻게 이해하고 있는지 간단히 적어 보세요.

우리가 전도를 하기 전 제일 먼저 알아야 할 것은 복음이 무엇인지를 이해하는 것입니다. 복음은 여러가지로 정의할 수 있습니다. 혹자는 복된 소식, 혹자는 예수께서 우리의 죄를 사하시기 위하여 십자가에서 죽으신 것, 혹자는 하나님의 말씀 등으로 이해합니다. 그러나 이런 것들은 복음을 부분적으로 이해하고 있는 것입니다.

성경은 복음이 무엇인지 정확히 말씀하고 있습니다. 고린도전서 15장 1-4절을 읽으시기 바랍니다(참조, 롬 1:1-4). 바울은 복음을 '성경대로 그리스도께서 우리 죄를 위하여 죽으시고 장사 지낸 바 되었다가 성경대로 사흘 만에 다시 살아나셨다' (고전 15:3-4)고 정의하고 있습니다.

즉 복음이란 예수께서 우리의 죄를 위하여 십자가에 죽으시고 다시 살아나신 것입니다. 간단히 말해서 예수의 십자가와 부활이 복음인 것입니다.

• • •

 왜, 예수께서 십자가에 죽으시고 부활하신 사실을 복음이라고 하는지 간략하게 설명해 보세요.

---

 (1) 인간은 모두 아담의 후손으로 죄인이며 죄의 대가를 지불해야 합니다.

첫째로, 죄 때문에 인간은 두려움 가운데서 살아야 합니다. 아담이 죄를 범한 후 제일 먼저 보인 반응은 두려움이었습니다(창 3:10). 또한 가인이 동생 아벨을 죽인 후 자신을 해할 자가 없어도 두려움을 느꼈던 것은 죄를 지었기 때문입니다(창 4:1-10). 모든 사람들이 두려움을 느끼는 것은 모두 다 죄인이기 때문입니다.

둘째로, 고생하며 저주가운데 살아야 합니다. 금지된 선악과를 먹는 죄를 범하자 뱀은 땅을 기어 다니게 되었고, 여자는 임신하는 고통을 크게 더하게 되었고, 남자는 땀을 흘려야 먹고 살게 되었습니다. 즉 사람들이 늙고 병들고 온갖 고통과 저주 가운데 사는 것은 죄 때문입니다.

셋째로, 반드시 죽어야 합니다. 사람은 왜 다 죽을까요? 그것은 모든 사람이 아담의 후손으로 죄인이기 때문입니다(롬 5:12).

넷째로, 죽은 다음에는 심판을 받아(히 9:27) 지옥에 가야 합니다. 그런데 지옥이 어떤 곳인지 아십니까? 지옥은 고통이 영원한 곳입니다(막 9:47-49; 눅 16:19-31).

대표성의 원리

혹 아담 한 사람 때문에 모든 사람이 다 죄인이고 다 죽게 되었다는 것에 대하여 억울하다고 생각하고 있지는 않습니까?

아담은 첫 사람으로 모든 인간을 대표하는 자입니다. 그렇기 때문에 그의 죄가 바로 우리의 죄가 되는 것입니다. 이것을 대표성의 원리라고 합니다. 우리나라 대표 팀이 일본과 축구를 하다가 졌다고 합시다. 그러면 우리가 경기에 참여하지 않았어도 우리가 진 것입니다. 왜냐하면 축구를 한 선수들이 우리를 대표해서 축구 경기를 했기 때문입니다.

과학자들 가운데는 인류가 지구상 여러 곳에서 각각 발생하여 여러 종족의 조상이 됐다고 주장하는 자들이 있습니다. 그러나 최근에 미국 워싱톤 주립대학의 과학자들이 세포 내 '미토콘드리아 DNA'와 '첨단 유전공학 기술'을 이용하여 인류의 조상을 추적한 결과 인류의 여자 조상이 한 명이었음을 증명하였습니다(창 3:20). 마찬가지로 어미가 하나이듯이 아비도 하나입니다. 한 사람 아담의 죄로 모든 사람이 죄인이 되었고, 아담에게 사망이 찾아온 것처럼 모든 사람에게 죽음이 찾아온 것입니다(롬 5:12).

(2) 그러나 인간은 근본적인 죄의 문제를 스스로 해결할 방법이 없었습니다.

아담의 후손인 인간은 모두 죄인이라 죽어야 하고 죽은 후에는 심판을 받아 지옥에 가야 합니다. 이것이 모든 인간에게 주어진 운명입니다. 사람들은 이러한 운명에서 벗어나기 위해서 몸부림을 쳐왔습니다. 선행으로, 종교로, 철학으로, 율법으로 하나님께 나아가려고 했습니다. 그러나 인간은 나면서부터 죄인이기 때문에 아무리 노력을 해도 의인이 될 수 없습니다. 밖에서부터 누군가가 와서 죄 문제를 해결해 주어야 합니다.

(3) 예수께서 죄의 대가로 사망과 지옥의 법에 매어 있는 인간들을 구원하시기 위해 십자가에 죽으시고 부활하셨습니다.

죄의 문제를 해결하는 방법에는 크게 2가지가 있습니다. 죄의 값대로 죄인이 죽는 것입니다. 다른 하나는 다른 사람이 대신 죄 값을 치루어 주는 것입니다. 그러나 전자의 방법은 아무런 의미가 없습니다. 그래서 예수께서 우리의 죄를 대속하시기 위해 친히 십자가에서 피 흘려 돌아가신 것입니다.

그런데 예수께서 십자가에 죽으신지 사흘 만에 다시 살아나셨습니다. 예수께서 십자가에 못 박혀 죽으셨지만 다시 살아나셨다는 것은 그분의 죽음이 바로 우리의 죄 때문이라는 것을 증명하신 것입니다. 왜냐하면 예수께서 십자가에 못 박혀 돌아가시기 전 여러 차례 제자들에게 "내가 너희들의 죄를 위하여 대신 십자가에 못 박혀 죽는다. 그러나 죽은 후에 다시 살아날 것이다"(마 16:21; 막 8:31; 눅 9:22)고 말씀하셨는데 그 말씀대로 다시 살아나셨기 때문입니다. 예수께서 십자가에 죽으시고 부활하심으로 우리의 죄는 완전히 해결되었습니다. 그래서 예수의 십자가와 부활을 복음이라고 하는 것입니다.

∙∙∙

Q3 전도는 예수께서 우리의 죄를 위하여 십자가에 죽으시고 부활하신 사실을 전하는 것입니다. 그러나 이런 사실을 알고 있다고 전도가 자동적으로 되는 것이 아닙니다. 누구를 만나든지 자연스럽게 복음을 전할 수 있도록 반복적으로 훈련을 해야 합니다. 구체적으로 어떻게 해야 할까요?

(1) 혼자서 훈련할 경우는 가상의 대상자를 정하여 복음이 무엇이며, 왜 예수의 십자가와 부활을 복음이라고 하는지 반복해서 설명합니다.

----

(2) 두 사람이 한 조가 되어 훈련할 경우는 번갈아 가며 복음이 무엇이며, 왜 예수의 십자가와 부활을 복음이라고 하는지 반복해서 설명합니다.

Q4 초대교회 성도들은 날마다 예수께서 그리스도이심을 가르치고 전했습니다. 왜 그렇게 했을까요?

A D3 초대교회가 날마다 집에 있든지 성전에 있든지 예수는 그리스도라 가르치고 전도를 한 이유는 예수께서 그리스도(메시야)이심을 깨달았기 때문입니다.

우리는 종종 '예수 그리스도' 또는 '그리스도 예수' 라는 말을 사용합니다. 그런데 많은 사람들이 '예수 그리스도' 라는 말이 무슨 의미인지를 모르고 사용합니다. '예수 그리스도' 라는 말은 한 마디로 '예수께서 그리스도이시다' 라는 말입니다.

그러면 '예수께서 그리스도이시다' 라는 말이 무슨 말일까요? 우리가 알다시피 예수는 개인의 이름입니다. 역사가인 요셉푸스에 의하면 그 당시 유대 땅에는 예수라는 이름을 가진 사람이 20명이나 되었다고 합니다. 예수님도 그 중의 한 사람입니다. 예수께서 30세가 되시자 요단강에서 세례를 받으시고 갈릴리를 중심으로 복음을 전파하시며 수많은 기적과 표적을 행하셨습니다. 그러자 예수께서 메시야일지도 모른다는 생각에 예수님을 추종하는 자들이 많아지기 시작했습니다.

그러자 이를 시기하고 질투하는 자들이 있었습니다. 그들이 바로 바리새인들과 서기관들입니다. 급기야 그들은 예수님의 메시야 운동을 종결하고자 예수님을 체포하여 십자가에 처형했습니다. 그러자 예수님을 따르던 자들이 다 도망하고 수제자인 베드로마저 예수님을 모른다고 부인하였습니다.

그런데 뜻밖의 일이 벌어졌습니다. 예수님을 십자가에 못 박으면 모든 것이 끝날 줄 알았는데 예수께서 죽은 지 삼일 만에 다시 살아나신 것입니다. 그러자 제자들은 자기들이 따르던 예수님이 거짓 메시야가 아니라 정말로 그들이 기다리던 메시야(그리스도)이심을 알게 되었던 것입니다. 그래서 그들은 날마다 집에 있든지 성전에 있든지 예수는 그리스도라 가르치고 전도하기를 쉬지 않았던 것입니다.

우리도 예수께서 그리스도(구원자)이심을 깨달아야 합니다. 예수님만이 우리의 죄와 모든 문제를 해결해주시는 구원자이심을 믿고 그 분을 증거해야 합니다. 예수님을 믿지만 돈이나 권세가 구원자라고 생각하는 사람은 세상 사람들에게 전도할 수 없습니다. 우리는 초대교회 성도들처럼 예수께서 그리스도(구원자)이심을 믿고 입으로 증거해야 합니다.

가장 귀하신 예수 그리스도

헐리우드에서는 가끔 배우들과 영화계에 종사하는 사람들이 함께 아침 식사를 나누며 최고급 영화배우나 유명 인사를 초빙하여 간단한 연설을 듣는다. 한번은 세계적인 사진잡지 라이프 표지에 그 얼굴이 실린 적이 있었고, 룩크라는 유명 잡지에서도 '미국의 최고 미인 열 명중의 한 사람' 으로 뽑힌 일이 있으며, 당시에 일주일 봉급으로 이천달라 씩을 받으며 영화 배우로 일하는 여성이 출연을 했다. 이 여자가 마이크 앞에 앉자 박수와 휘파람 소리로 장내는 흥겨운 환영의 물결이 넘쳤다. 그는 입을 열어서 말을 시작했다.

"여러분, 나는 사랑에 빠졌습니다!" 이 한 마디에 장내는 박수와 소동이 일어났다. "도대체 그 운수 좋은 행운의 사나이는 누구냐?"는 질문이 쏟아졌다. 그 여자는 곧 대답을 하였다. "네, 나는 예수 그리스도라는 분과 사랑에 빠졌습니다." 너무나도 예상외의 대답에 온 장내는 숨소리 하나 들리지 않게 조용해졌다. 그녀는 계속해서 앞으로는 영화 배우의 일을 포기하고 그리스도를 위하여 살겠다고 했다. 이 젊은 여성 콜린 T. 에반스는 그 후에 목사와 결혼을 하고 선교사로 나갈 준비를 하였다.

한번은 빌리 그래함 목사가 이 부부와 함께 저녁 식사를 하는 자리에서 물어보았다. "콜린 자매님은 헐리우드의 그 별과 같은 성공을 물리치고 주님을 택한 것을 후회하지 않습니까?" 그러자 그녀는 다음과 같이 대답했다. "저는 헐리우드의 스타나, 영국의 여왕의 자리나, 미국의 대통령 자리와도 지금의 나의 위치와는 바꿀 수 없습니다. 그리스도는 저에게 이처럼 귀한 분입니다."

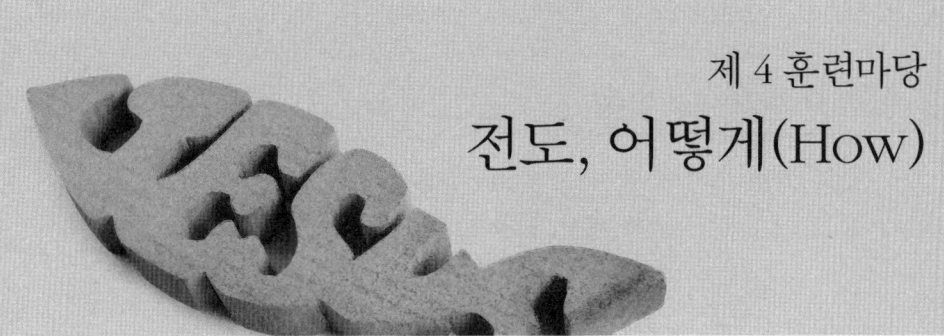

제 4 훈련마당
전도, 어떻게(How)

훈련목표
영혼을 구원하는 기본적인 방법을 체득시키고
전도자가 꼭 알아야 할 사항을 숙지시킨다.

지난 훈련마당 복습

1. 복음이란 무엇입니까? (고전 15:1-4, 롬 1:1-4)
2. 왜, 예수께서 십자가에서 죽으시고 부활하신 사실을 복음이라고 할까요?

> **D3 한마디**
>
> **불신 영혼들의 탄식소리**
>   우리는 불신 영혼들이 탄식하는 소리를 들어야 합니다. 성경이 "피조물이 다 이제까지 함께 탄식하며 함께 고통하는 것을 우리가 아나니"(롬 8:22)라고 말씀하고 있듯이 모든 피조물이 탄식하고 있습니다. 모든 피조물 가운데는 불신 영혼들이 포함되어 있습니다. 따라서 우리는 불신 영혼들의 탄식하는 소리를 들어야 합니다.
>   그들이 왜 탄식을 할까요? 세상에서 저주 가운데 사는 것이 고통스러울 뿐만 아니라 장차 지옥 불에 떨어진다는 것을 알고 있기 때문입니다. 우리는 불신 영혼들이 "저의 영혼을 죄에서 구원해 주세요. 저는 영원한 지옥 불에 떨어지고 싶지 않아요, 저를 생명 길로 인도해 주세요."라고 구조를 요청하고 있음을 알아야 합니다(찬송가 256장).

 전도하기 위해서는 무엇보다 불신 영혼들을 찾아가야 합니다. 왜 그들을 찾아가야 할까요?

주님께서 '가서' 복음을 전하라고 명령하셨기 때문입니다(마 28:19-20; 막 16:15; 요 20:21). 예배당을 건축하면 불신자들이 스스로 교회로 찾아올 것이라고 생각하면 안됩니다. 세계 복음화를 이루기 위해서는 반드시 세상으로 가야 합니다.

우리가 복음을 들고 세상으로 나가지 않으면 반대로 세상이 교회 안으로 들어와 교회의 세속화가 이루어질 것입니다. 예수께서 하늘 영광 보좌를 버리시고 이 세상에 오셔서 우리를 구원하신 것처럼 우리도 불신 영혼을 구원하기 위해 복음을 들고 직접 그들을 찾아가야 합니다.

> **밟는 땅마다 복음화 되게 하소서**
> 어느 날 기도하던 중 우리가 전도하러 다니는 것은 마치 구약 시대에 믿음으로 정복할 땅을 밟는 것과 같은 것이라는 감동을 주셨다(신 1:36; 신 11:24). 그렇다. 하나님께서 여호수아와 갈렙이 밟은 땅을 모두 주셨듯이 우리가 복음을 가지고 밟는 땅마다 복음으로 정복하게 하실 것이다.

• • •

 초대교회는 복음을 전하되 '날마다' 전했습니다. 그들이 '날마다' 복음을 전했다는 것은 어떤 의미일까요?(행 5:42; 딤후 4:2).

A^{D3} 초대교회가 '날마다' 복음을 전했다는 말은 문자 그대로 '하루도 빠지지 않고' 전도했다는 의미도 있지만, 전도하는 것이 그들의 습관이 되었다는 말입니다. 즉 전도하는 것이 그들의 몸에 배어 있었다는 것입니다.

그렇습니다. 전도가 삶이어야 합니다. 배가 고프면 밥을 먹듯이 사람을 만나면 자연적으로 복음을 전해야 합니다. 좋은 습관을 가진 자가 인생의 성공자가 되듯이 전도가 몸에 배인 사람은 천국에서 왕노릇하게 될 것입니다. 가장 좋은 습관은 전도하는 습관입니다.

• • •

 초대교회는 삶으로도 복음을 전했습니다. 어떻게 하면 우리가 삶으로 복음을 전할 수 있는지 말해 봅시다.

AD3 복음을 말로만 전하면 설득력이 약합니다. 사도행전 2장 47절을 보십시오. "하나님을 찬미하며 또 온 백성에게 칭송을 받으니 주께서 구원받는 사람을 날마다 더하게 하시니라" 이 말씀은 우리의 삶과 전도가 밀접한 관계에 있다는 것입니다. 우리가 세상 사람들로부터 칭송을 받으면 받을수록 전도의 문이 활짝 열리게 됩니다. 우리는 주님의 사랑을 실천하여 보이지 않는 하나님을 삶으로 보여주어야 합니다. 예를 들면 집 앞 청소하기, 음식 나누어 먹기, 아기 돌봐주기, 각종 자원 봉사 등에 참여해야 합니다.

미국의 신시내티의 빈야드교회는 2:20전략(Two-twenty strategy)으로 3년 동안 4천명으로 급성장을 했습니다. 2:20전략이란 복음 전도를 위해 한 달에 2시간 이상 지역 사회를 섬기고 20달러 이상을 사용하는 것입니다. 한 마디로 시간과 몸과 물질을 이웃을 위해 사용하는 전략입니다. 우리가 전도하려면 상대방에게 무엇인가를 베풀어야 합니다. 성경은 복음을 전하되 말로만 전하지 말고 '병도 고쳐주고 물질도 나누어주고 귀신도 쫓아 주라' 고 말씀하고 있습니다(마 10:8).

> **│ 보여주는 복음**
>
> 21세기는 영성, 감성, 이미지의 시대이기 때문에 사람들의 감동을 자아내야 전도가 됩니다. 사람들의 감동을 불러일으키기 위해서는 세상 사람들이 하지 않는 것을 골라서 하면 됩니다.
> 먼저 인사하고, 먼저 양보하고, 먼저 희생하면 됩니다. 세상 사람들은 복음을 듣기보다 복음 전하는 사람들의 삶을 보기 원합니다.

 주변지역 상황에 맞는 전도 전략을 세워야 합니다. 왜 그렇게 해야 할까요?

초대교회 성도들이 전도를 잘 한 여러가지 이유가 있습니다.
첫째, 기도와 말씀에 집중하는 가운데 성령의 충만을 받았습니다(행 6:4). 성령은 예수의 영이기 때문에 성령의 충만을 받자 복음을 담대히 전하였습니다. 둘째, 종말론적인 삶을 살았습니다. 그들은 생전에 주님께서 재림하실 것을 굳게 믿었습니다(살전 4:13-18). 그래서 그들은 천국에 대한 소망을 가지고 복음을 전하는 데에 목숨을 걸었습니다. 셋째, 지나칠 정도로 단순한 삶을 살았기에 전도하는 일에 초점을 맞추어 살 수가 있었습니다.

그러나 그들이 이런 이유만으로 전도를 잘한 것이 아닙니다. 그들은 이 외에 전도 전략을 가지고 있었습니다. 초대교회는 유대인들이 가지고 있는 '메시야 대망' 사상을 전도 전략으로 삼았습니다. 전도는 영적 전쟁을 하는 것입니다. 따라서 효과적인 전도를 위해서는 전략이 필요합니다. 바울은 로마를 포함하여 3차에 거쳐 전도 여행을 했는데 전도를 할 때 천편일률적으로 하지 않았습니다. 헬라인들에게 복음을 전할 때에는 '광장'을 이용하였고, 전 세계에 흩어져 살고 있는 유대인들에게는 '회당'을 이용하여 복음을 전하였습니다. 즉 바울은 헬라인의 '광장문화'를 이용하였고, 유대인의 '회당 문화'를 이용하는 전도 전략을 가졌던 것입니다.

전도전략은 개 교회가 처해 있는 주변 상황에 맞게 세워야 합니다. 다른 교회에서 성공한 전도 전략이라도 자신의 교회에 맞지 않을 수 있습니다. 바울이 헬라인과 유대인에게 다른 전도전략을 세운 것처럼 지역적 특성에 맞는 전도 전략을 세워야 합니다. 예를 들면 노인들이 많은 지역은 노인복지 프로그램을 개발해야 하고, 맞벌이 부부가 많은 지역은 아이들을 돌보아 줄 탁아 프로그램을 개발해야 합니다.

| 이웃문화 전도

우리 민족은 광장문화나 회당문화를 가지고 있지 않고 이웃문화를 가지고 있습니다. '이웃문화'란 아는 사람끼리는 서로 상부상조하는 문화입니다. 따라서 아는 사람의 소개를 받아 전도하면 성공률이 매우 높습니다. 혹 전도하러 나가서 상대방이 예수를 믿지 않겠다고 하거나 다른 교회에 다닌다고 하면 그냥 돌아서지 말고 아는 사람을 소개시켜 달라고 해야 합니다. 소개를 받아가면 쉽게 거절하지 못할 뿐만 아니라 접촉할 가능성이 매우 높습니다. 즉 관계 전도를 해야 합니다.

기존 신자는 전도의 대상에서 제외해야 합니다. 불신자 전도에 집중해야 합니다. 바울은 "내가 그리스도의 이름을 부르는 곳에는 복음을 전하지 않기로 힘썼노니 이는 남의 터 위에 건축하지 아니하려 함이라 기록된바 주의 소식을 받지 못한 자들이 볼 것이요 듣지 못한 자들이 깨달으리라"(롬 15:20-21)고 말씀하고 있습니다. 기존 신자 전도는 주님께서 기뻐하시는 일이 아닙니다.

• • •

 최고의 전도 전략은 성령의 충만함을 받는 것입니다. 왜 성령의 충만이 최고의 전도 전략일까요?

 국내에서 행해지는 전도 방법에는 사영리전도(C.C.C), 이슬비전도(여운학장로), 오이코스전도(이상만목사), 빌립전도학교(변은미전도사), 소책자전도(안창천목사), 고구마전도(김기동집사), 진돗개전도(박병선집사), 베드로전도(안병채목사)등이 있습니다. 이런 전도 방법들은 나름대로 장단점을 가지고 있습니다. 어떤 전도 방법이든 완벽한 것은 없습니다. 단지 전도 대상과 주변 상황에 맞는 전도 방법을 선택하면 됩니다.

그런데 위와 같은 전도 방법보다 더 중요한 것이 있습니다. 그것은 성령의 충만입니다. 왜냐하면 주님께서 전도하기 전 성령을 받고 성령의 능력으로 복음을 증거하라고 명령하셨기 때문입니다(행 1:8). 성령 충만의 중요성을 아는 것과 실제로 성령의 충만함을 받는 것은 별개입니다. 성령의 충만이 최고의 전도전략임을 알고 전도하기 전 성령의 충만을 받기 위해 최선을 다해야 합니다(참조, 고전 2:2-5).

상대방을 만나 전도할 때에 특별히 알아야 할 사항들이 있습니다. 어떤 점들을 사전에 알아야 할까요?

첫째로, 전도대상자의 고난은 전도의 기회임을 알아야 합니다. 마귀가 우리의 약한 부분을 공격의 기회로 삼듯이 우리도 상대방의 약점을 전도의 기회로 삼아야 합니다. 그러면 불신자들의 약점은 무엇일까요? 그것은 그들이 겪고 있는 고난입니다. 마귀는 우리의 약한 부분을 통하여 우리를 망하게 하지만 우리는 불신자들이 고난을 통하여 예수를 믿고 복을 받게 해야 합니다.

둘째로, 우리가 전하는 복음이 만병 통치약 이라는 사실을 확신해야 합니다. 이 세상에는 이름도 알 수 없을 정도로 많은 약들이 있지만 약효를 보장하지 못합니다. 그런데도 그 약을 만들기 위하여 천문학적인 연구비를 투자하고 판매하기 위하여 수십억의 경비를 씁니다. 그리고 그 약이 매우 효능이 있는 것처럼 선전합니다. 그러나 우리가 파는 복음이라는 약은 영육 간의 모든 병을 고치는 진짜 약입니다. 그런데 그 약을 많이 팔기위해 노력하지도 않고 약을 팔아도 마치 가짜처럼 팔고 있습니다. 전도자는 복음이 만병 통치약임을 확신하고 이를 효과적으로 전하기 위해 노력하고 물질과 시간을 투자해야 합니다.

셋째로, 세상 사람들은 복음 전하는 것을 본능적으로 싫어한다는 것을 알아야 합니다. 전도하러 가면 혹 환영하는 사람도 있지만 대부분은 복음을 거절하고 심지어는 복음 전하는 자를 공격합니다. 사도들이 백성들에게 복음을 전할 때에도 그러했고, 바울이 복음을 전할 때에도 그러했고, 지금도 복음을 전할 때에 그러한 현상이 일어납니다. 왜 그럴까요? 여러가지 이유로 기독교에 대한 부정적인 이미지를 가지고 있기 때문입니다. 그러나 가장 근본적인 이유는 복음을 전하면 마귀가 자기의 자녀를 빼앗기게 된다는 사실을 알고 배후에서 복음 전하는 자들을 미워하는 마음을 갖도록 부추기기 때문입니다. 따라서 전도할 때에 상대방이 무시하거나 거절하거나 비방을 해도 전혀 개의치 말아야 합니다.

넷째로, 전도자가 자랑할 것이 무엇인지를 알아야 합니다. 전도는 예수께서 우리의 죄를 위하여 십자가에 죽으시고 부활하셨다는 사실을 전하는 것입니다. 따라서 오직 예수만을 자랑해야 합니다. 복음을 전하면서 은근히 자신을 자랑하면 안됩니다.

> **복음을 깨달았으면 전해야 합니다.**
> 석가모니는 '도'를 깨닫고 "이 도를 전해야 하는가 말아야 하는가?" 고민을 했습니다. 그러나 우리는 반드시 깨달은 진리를 전해야 합니다.
> 초대 교회가 예수께서 그리스도라는 진리를 깨닫고 날마다 성전에 있든지 집에 있든지 예수는 그리스도라 가르치기와 전도하기를 쉬지 아니한 것처럼 우리도 예수께서 그리스도이심을 깨달았기 때문에 담대히 복음을 증거해야 합니다.

전도는 성령께서 하시는 것

미국의 한 기독교 문서전도협회에서 문서 전도를 위한 자원자들을 모집하여 훈련을 시키고 있었습니다. 그런데 훈련생들은 말을 알아듣기 어려울 정도로 말을 더듬는 말더듬이가 훈련받고 있는 것을 알았습니다. 대부분의 동료들은 그것을 불쾌하게 생각했습니다. 그러나 교육을 담당하는 한 간부가 정중히 그들에게 말하였습니다. "성령 하나님께서 그 사람을 감동시켜 이곳에 보내셨다면 하나님께서 그 사람을 통해 어떻게 전도의 역사를 일으키시는지도 보아야 할 것입니다." 그런데 몇 달이 지나 그 말더듬이는 상상할 수 없을 정도로 많은 책을 보내달라는 주문을 받았습니다. 말도 제대로 못하는 사람이 그처럼 많은 책을 팔 것이라고는 생각도 못한 본부에서는 말더듬이 전도자가 사람들에게 지나치게 강요하여 책을 떠맡기는 것이 아닌가 의심했습니다.

결국 본부에서는 본부 요원 하나를 파송해서 그 전도자와 함께 문서 전도에 나서게 했습니다. 그 말더듬이 전도자는 시골길을 걸어서 한 집 한 집을 방문하며 전도 책자를 보급하고 있었습니다. 그런데 그는 어떤 집이든 그 집에 들어가기 전에 나무 밑이나 길가에 무릎을 꿇고 "하나님, 성령께서 먼저 저 집을 방문하여 그 사람을 감동시켜 주시옵소서. 나는 아무것도 할 수 없습니다. 주님만 믿고 갑니다."라고 기도를 하고 전도하는 것이었습니다. 놀랍게도 그가 방문하는 집마다 말더듬이의 잘 알아들을 수 없는 말을 듣고도 책자를 사기로 약속하는 것을 볼 수 있었습니다.

이것이 바로 성령의 역사입니다. 이처럼 전도는 성령의 능력으로 되어지는 것이지 우리의 힘과 능력으로 하는 것이 아닙니다.

제 5 훈련마당
지피지기 知彼知己와 전도의 절박성

훈련목표
전도자의 신분과 불신자의 영적상태를 알게하며
전도의 절박성을 느끼게 한다.

지난 훈련마당 복습

1. 초대 교회는 날마다 모여서 무엇을 했습니까?
2. 최고의 전도전략과 방법은 무엇입니까?
3. 전도시 특별히 알아야 할 사항은 무엇입니까?

> **D3 한마디**
>
> **전도는 지금해야 합니다**
>
> 　미국의 어느 목사님의 친구 중에 은행장이 있었습니다. 둘은 아주 가깝고 서로 존경하는 사이였습니다. 목사님은 기회가 있을 때마다 연회에도 같이 참석하고 골프도 같이 쳤지만 예수를 믿으라고 권면을 해야겠다고 생각은 하면서도 차일피일 미루고 있었습니다.
> 　그런데 어느 주말에 목사님이 주일 설교를 준비하고 있는데 성령께서 "친구 은행장에게 빨리 전도해서 결신하게 하라"고 말씀하시는 것을 들었습니다. 그래서 친구에게 전화를 했더니 방금 손님들과 골프장에 갔다고 했습니다. 이 목사님은 한 시간이 더 걸리는 거리에 있는 골프장까지 찾아갔습니다. 함께 게임 중인 손님들에게 양해를 구하고 친구에게 거기까지 달려올 수밖에 없었던 이유를 설명했습니다. 은행장 친구는 진지하게 받아들이면서 그 목사님의 권면대로 예수를 믿기로 그 자리에서 결심하고 예수님을 영접했습니다.
> 　그 후 골프장으로 돌아가 골프를 치던 중 갑자기 정신을 잃고 그 자리에 쓰러져 세상을 떠나고 말았습니다. 사람의 앞 일은 전혀 알 수 없습니다. 그래서 전도는 지금 해야 하는 것입니다.

 전도자는 자신이 누구인지를 알아야 합니다. 자신이 누구인지를 모르면 불신자에게 복음을 전할 수 없습니다. 당신은 하나님과의 관계에 있어서 자신을 어떤 자로 이해하고 있습니까?

 복음전도자는 다양한 신분을 가지고 있습니다.
첫째로, 하나님과의 관계에서는 하나님의 자녀입니다(권리).
예수를 영접하면 하나님의 자녀가 됩니다(요 1:12). 자식이 부모에게 양육청구권과 재산 상속권을 가지듯이 하나님의 자녀도 하나님 아버지께 자신의 권리를 주장할 수 있습니다. 특별히 전도할 대상자의 마음을 열어 달라고 하나님께 당당하게 구할 수 있습니다(골 4:3).

둘째로, 주님과의 관계에서는 종이 됩니다(순종).
바울이 사용한 '종'(둘로스)이라는 단어는 나면서부터 아무런 권리가 없는 자를 의미합니다. 즉 우리가 주님의 종이라고 하는 것은 주님이 시키시는 대로 살아야 하는 존재라는 것입니다. 주님께서 우리에게 복음을 전하라고 명령하셨기 때문에 이 명령에 절대적으로 순종해야 합니다.

셋째로, 예수님과의 관계에서는 신부입니다(거룩).
신부의 생명은 거룩함에 있습니다. 신랑이신 예수님보다 이 세상을 더 사랑하면 음녀가 됩니다. 전도자는 무엇보다도 거룩한 삶을 살아야 합니다. 예수님의 거룩한 신부가 되지 않으면 복음을 담대하게 전할 수 없습니다.

넷째로, 성령을 모시고 살아가는 자입니다(능력).
예수를 믿는 순간 성령께서 우리 안에 들어오셔서 거하시며 우리와 함께 하시기를 원하십니다. 성령은 예수님을 증거하시기 때문에 전도할 때 함께 하셔서 각종 표적과 기사가 나타나게 하십니다.

• • •

Q2 전도할 대상자가 정확히 어떤 자인지를 알아야 합니다. 지피지기면 백전백승입니다. 당신은 불신자를 어떤 존재로 이해하고 있습니까?

A^{D3} 1) 아담의 후손으로 죄를 지을 수밖에 없는 자들임을 알아야 합니다.
불신자들이 아담의 후손으로 죄인이기 때문에 그들이 죄를 짓는 것은 당연한 것입니다. 아무리 많이 배우고 높은 지위에 있어도 죄를 지을 수밖에 없습니다. 따라서 세상 사람들이 파렴치한 죄를 지어도 정죄하지 말아야 합니다. 정죄하는 마음을 가지면 전도할 수 없습니다.

2) 장차 지옥에 던져져 영원히 고통을 당할 자들임을 알아야 합니다.

아담의 후손인 죄인은 죽은 다음 심판을 받아 지옥에 가야 합니다. 그런데 그들이 장차 들어갈 지옥이 어떤 곳입니까? 한번 들어가면 절대로 나올 수 없는 곳으로 고통이 영원한 곳입니다(막 9:47-49). 따라서 불신자들이 아무리 돈이 많고 학식이 많고 권력을 가지고 있어도 불쌍히 여기는 마음을 가져야 합니다.

• • •

Q3 복음을 전하기 전 먼저 마귀의 시험을 이겨야 합니다. 예수님도 전도하시기 전 마귀의 시험을 이기셨습니다. 전도하기 전 어떤 시험을 이겨야 할까요?

A D3 예수께서 전도하시기 전 마귀의 시험을 이기셨다는 것은 우리도 전도하기 위해서 먼저 마귀의 시험을 이겨야 한다는 것을 의미합니다. 어떤 시험을 통과해야 할까요? 주님보다 세상을 더 사랑하라는 마귀의 유혹을 물리쳐야 합니다. 전도는 아무나 하는 것이 아닙니다. 이 세상보다 주님을 더 사랑하는 마음을 가진 자 만이 할 수 있는 것입니다.

• • •

 전도는 '절박감'을 가지고 해야 합니다. 왜 우리가 절박한 심정으로 전도해야 할까요?

A^{D3} 첫째로, 하나님의 심판이 임박했기 때문입니다.

예수께서 자신에게 찾아온 바리새인들과 서기관들에게 "회개에 합당한 열매를 맺고 속으로 아브라함이 우리 조상이라고 생각지 말라 내가 너희에게 이르노니 하나님이 능히 이 돌들로도 아브라함의 자손이 되게 하시리라 이미 도끼가 나무 뿌리에 놓였으니 좋은 열매 맺지 아니하는 나무마다 찍혀 불에 던지우리라"(마 3:8-10)고 말씀하셨습니다. '이미 도끼가 나무 뿌리에 놓였다'는 것은 심판이 매우 임박했다는 것을 의미합니다. 하나님의 심판이 속히 임하기 때문에 절박감을 가지고 전도해야 합니다.

둘째로, 사람이 언제 죽을지 모르기 때문입니다.

사람은 언제 어떻게 죽을지 아무도 모릅니다. 건강하다고 오래 살고 부자라고 오래 사는 것이 아닙니다. 내일 일을 모르는 것이 인생입니다(잠 27:1). 따라서 생명 있을 때에 복음을 전해야 합니다.

> **지금, 전도하라**
>
> 어느 목사님이 비행기를 타고 가는데 이상하게 성령께서 급하게 스튜어디스에게 복음을 전하라고 감동을 주시는 것을 느꼈습니다. 그래서 즉시 스튜어디스에게 복음을 전했습니다. 그러자 그 자리에서 예수를 영접했습니다. 목사님이 비행기를 갈아타기 위하여 그 비행기에서 내린 후였습니다. 불행하게도 그 비행기는 가다가 중도에서 추락하여 비행기에 타고 있던 모든 승객들이 죽었습니다.
>
> 만일 목사님이 성령의 감동을 받고도 복음을 전하지 않았다면 그 여자는 지옥에 갔을 것입니다. 올 때는 순서가 있지만 갈 때는 순서가 없는 것이 인생입니다. 언제 죽을지 모르기 때문에 절박감을 가지고 복음을 전해야 합니다.

셋째로, 하나님께서 준비해 놓으신 갈급한 영혼이 있기 때문입니다.

사람들 중에는 갈급한 심정을 가진 자들이 많이 있습니다. 남편을 5명이나 갈아치웠지만 만족이 없었던 사마리아 여인이 바로 그 대표적인 사람입니다. 그런데 갈급한 사람은 겉으로 쉽게 눈에 보이지 않습니다. 그래서 절박한 심정으로 그들을 찾기 위해 나서야 하는 것입니다. 제임스 와그너는 하나님께서 10명 중 1, 2명은 숨겨두셨다고 주장하고 있습니다.

> **예씨의 항변**
>
> 허드슨 테일러를 통하여 전도를 받고 성경 지식과 믿음이 놀랍게 성장해 가고 있었던 예씨라는 중국 사람이 어느 날 허드슨 테일러에게 이렇게 물었습니다. "당신네 영국 사람들은 이런 진리를 언제부터 듣게 되었습니까?" 이런 질문을 받고 허드슨 테일러는 잠시 머뭇거리지 않을 수 없었습니다. 왜냐면 정확한 대답이 얼른 떠오르지 않았기 때문입니다.
>
> "정확히 모르지만 아마 수백 년은 넘었으리라 생각됩니다." 그러자 예씨는 이렇게 항변을 하는 것이었습니다. "그런데도 우리에게는 이런 구원의 진리가 이제야 들려지게 되었군요. 어째서 좀 더 빨리 와서 들려주지 않았습니까?"

 예수께서도 절박한 심정으로 전도하셨습니다. 예수님은 어느 정도로 절박감을 가지고 전도를 하셨을까요?

첫째로, 식사도 잊으실 정도로 열심히 전도하셨습니다. 주님은 구령 사업의 절박감에 식사하실 겨를도 없으셨습니다(막 3:20). 주님은 전도를 영혼의 양식으로 이해하실 정도로 열심히 전도하셨습니다(요 4:32-34).

둘째로, 한 곳에 머물지 않으시고 계속해서 다른 지역으로 전도할 영혼을 찾아 다니셨습니다.
예수님은 전도의 절박성을 느끼셨기에 구원하실 영혼이 있는 곳마다 찾아 다니셨습니다(눅 4:43-44). 전도의 절박성을 가진 자는 온 천하에 다니며 복음을 전할 수밖에 없습니다.

셋째로, 더욱 효과적인 전도를 위하여 제자훈련을 시키셔서 그들을 파송하셨습니다.
예수님께서 제자 삼으라고 유언적 명령을 하신 이유는 전도의 절박성 때문입니다. 예수님은 시간이 흐를수록 제자훈련의 범위를 넓혀 가셨습니다(12제자 파송-누가복음 9장, 70제자 파송-누가복음 10장, 모든 족속을 제자 삼음-마태복음 28장). 전도의 절박성을 느낀다면 효과적인 복음 전도를 위하여 제자훈련을 하지 않을 수 없습니다.

> **전도의 절박성과 기도**
>
> 사람들이 전도하지 않는 것은 절박한 상황임에도 불구하고 그 절박성을 느끼지 못하기 때문입니다. 절박한 상황과 절박성을 느끼는 것은 별개의 것입니다. 절박한 상황인데도 절박성을 느끼지 않으면 전도하지 않습니다. 절박성은 행동을 유발합니다. 예수님이나 사도 바울이 복음을 열정적으로 전한 이유는 절박성을 느꼈기 때문입니다.
>
> 그러나 전도가 아무리 절박해도 기도보다 앞서서는 안됩니다. 주님께서 매일 새벽 기도하신 것은 전도를 준비하신 것입니다. 전도하기 전 기도할 때 하나님께서 숨겨놓으신 절박한 영혼을 만날 수 있고 복음의 비밀을 담대히 전할 수 있는 것입니다(골 4:2).
>
> 우리의 문제는 기도는 열심히 하지만 전도는 하지 않거나, 전도는 열심히 하지만 기도는 하지 않는다는 것입니다.

• • •

 전도의 씨를 뿌리지 않으면 영혼 구원의 열매는 거둘 수 없습니다. 하나님은 심은대로 거두게 하십니다. 당신은 영혼 구원을 위해 어떻게 씨앗을 심고 있습니까?

A^{D3} 심은 대로 거두는 법칙은 영원 불변의 법칙입니다. 이 법칙은 전도에도 동일하게 적용됩니다. 전도하지 않으면 영혼 구원이라는 열매를 거둘 수 없습니다. 성경은 "스스로 속이지 말라 하나님은 만홀(慢忽)히 여김을 받지 아니하시나니 사람이 무엇으로 심든지 그대로 거두리라 자기의 육체를 위하여 심는 자는 육체로부터 썩어진 것을 거두고 성령을 위하여 심는 자는 성령으로부터 영생을 거두리라"(갈 6:7-8)고 말씀하고 있습니다.

・・・

 전도에는 상급이 있음을 알아야 합니다. 당신은 전도자가 받을 상이 무엇이라고 생각하고 있습니까?

A^{D3} 성경은 복음을 증거하는 전도자에게 주어질 상급을 말씀하고 있습니다. 전도자는 금생와 내생에 복을 받습니다. 금생에는 백배의 복을 받게 하시고 장차 천국에서는 하늘의 별과 같이 빛나고(단 12:3) 그리스도로 더불어 왕 노릇을 합니다(계 20:4). 전도는 마귀의 자녀를 하나님의 자녀로 인도하는 것이기 때문에 결코 쉬운 것이 아닙니다. 그러나 전도자가 받을 상을 확신한다면 모든 어려움을 극복하고 전

도에 총력을 기울일 수 있습니다.

전도의 절박감을 가지라

R. A 토리 목사가 영국의 브라이톤이라는 곳에서 전도 집회를 가졌을 때의 일이다. 집회를 돕던 일꾼 한 사람이 식당에서 저녁을 먹게 되었다. 그런데 자기에게 음식을 주문받고 봉사해 주는 웨이터를 대할 때에 어쩐지 그 사람에게 전도를 하고 싶은 생각이 들었다. 그러나, "나 같은 게 무얼 …"하는 생각과 장소 환경에 대한 부끄러움으로 그냥 미루어 둔 채 식사를 했다.

저녁을 먹고 나오다가 생각하니 그래도 한 마디 해야 되지 않겠는가 느껴져 발걸음을 돌려 다시 식당으로 가서 그 웨이터가 밖으로 나오기를 기다리고 있었다. 이런 모습을 본 식당 주인이 "혹 누구를 기다리느냐"고 물었다. 그래서 자기에게 봉사해 준 아무개 웨이터를 기다린다고 하자 주인은 침통한 표정을 짓고 다음과 같이 말했다.

"손님, 이미 늦었습니다. 그 웨이터는 손님에게 봉사를 한 후에 이층으로 올라가서 자살하고 말았습니다."

사람의 앞 일은 아무도 모른다. 전도자는 늘 성령의 음성에 민감하게 반응해야 한다. 영혼 구원의 절박성을 느껴야 한다. 하나님께서 당신의 마음 속에 복음을 필요로 하는 어떤 사람의 모습을 보여 주시지는 않는가? 너무 늦기 전에 기도하고 담대히 복음을 전해야 한다.

제6훈련마당
현장 전도 실제 연습

훈련목표
불신자에게 접근하는 법
말하는 법
복음제시 방법 등을 훈련한다.

지난 훈련마당 복습

1. 전도자와 전도대상자가 어떤 자인지를 알아야 합니다.
2. 전도의 절박성을 깨달아야 합니다.
3. 전도에도 심은대로 거두는 법칙이 적용됨을 알아야 합니다.
4. 전도에는 금생과 내생의 상이 있음을 알아야 합니다.

> **D3 한마디**
>
> **성공의 습관**
>
> 　알렉산더 대왕의 스승이자, 기원전 335년경 세워진 아테네의 유명한 철학학원인 아카데미아의 창립자인 아리스토텔레스는 다음과 같이 말했습니다. "우리는 우리가 반복적으로 행하는 바로 그것이 된다. 중요한 것은 행동이 아니라 습관이다."
>
> 　한마디로 습관이 중요하다는 말입니다. 성공하는 사람들은 누구나 성공을 부르는 습관을 가지고 있습니다. 어떤 습관이 성공하는 습관일까요? 반복적인 훈련을 통하여 의식적으로든 무의식적으로든 중요하다고 생각하는 것들을 자기의 것으로 만드는 습관입니다. 누구든지 이 방법을 사용하면 성공에 이를 수 있습니다.
>
> 　전도도 이런 방법으로 훈련하면 유능한 전도자가 될 수 있습니다. 학력, 나이, 은사에 상관없이 누구나 반복하고 시연하는 과정을 통하여 성공적인 전도자가 될 수 있습니다. 예수님도 이런 방법을 사용하셔서 제자들을 훈련시키셨습니다.

 우리가 전도해야 하는 주변 상황은 이스라엘 백성들이 여리고성을 정복할 때의 상황과 흡사합니다(수 6:1). 전도하기가 점점 힘들어지고 있습니다. 이런 상황에서 전도하려면 전도현장을 어떻게 바라보아야 할까요?

우리의 전도 현장은 매우 척박합니다. 불신자들의 집은 난공불락의 성처럼 보입니다. 아파트인 경우는 경비실에서 통제를 하고, 집을 찾아가도 사람을 만나기가 힘이 듭니다. 혹 집에 있어도 쉽게 문을 열어주지 않고 문전박대하기 일쑤입니다. 이스라엘백성들이 정복할 여리고성을 보고서 좌절했듯이 우리도 거대한 불신자들의 집을 보면서 무력함을 느낄 수 있습니다. 그래서 교회들마다 맥이 풀려서 전도할 힘을 잃고 있는 상황입니다.

그러나 전도 현장을 뒤집어 보는 지혜를 가져야 합니다. 우리의 전도 현장이 난공불락의 성으로 보이는 것은 단지 육신의 눈으로 보았기 때문입니다. 전도 현장을 영적인 관점에서 바라볼 줄 알아야 합니다. 우리가 불신자의 집에 들어가려고 하는 것은 그 안에 있는 물건을 훔치려고 하는 것이 아닙니다. 그 안에 있는 영혼을 구원하기 위하여 들어가는 것입니다. 따라서 영적인 차원에서 우리는 그들을 구조하러 가는 구조대원이고 그들은 구조를 받아야 되는 자들입니다. 구조대원은 구조를 받는 자를 마음대로 할 수 있습니다. 구조할 수도 있고 구조를 하지 않고 죽게 버려둘 수도 있습니다. 그래서 민수기 14장 9절은 우리가 전도하는 대상을 우리의 '밥' 이라고 말씀하고 있는 것입니다. 따라서 전도 현장을 육신의 눈으로만 보지 말고 영적인 눈으로 보아야 합니다.

• • •

Q2 여리고성과 오늘의 전도 현장이 흡사한 면이 있지만 전혀 다른 면도 있습니다. 여리고 성은 출입하는 자가 전혀 없어서 사람을 만날 수 없었지만 지금은 출입하는 자들은 만날 수 있습니다. 이런 상황에서 전도하기 위해 우리가 어떤 방법을 사용해야 할까요?

A D3 굳게 닫힌 문을 억지로 열려고 하지 말고 출입하는 자들을 만나서 전도하면 됩니다. 그러나 일반적으로 집을 나서는 사람은 목적 의식을 가지고 있기 때문에 마음의 여유가 없습니다. 그러므로 전도를 효과적으로 하기 위해서는 일을 마치고 집에 들어가는 사람에게 접근하는 것이 좋습니다. 손에 든 짐이 있을 경우는 거들어주면서 자연스럽게 대화를 시작하면 좋습니다. 아침, 저녁으로 쓰레기를 버리러 나온 사람을 좇아가면 쉽게 아파트 안으로 들어갈 수 있습니다. 또한 길거리에서 자연스럽게 자주 만나는 사람들에게 전도할 수 있는 방법들을 개발해야 합니다.

• • •

 전도를 하기 위해서는 반드시 상대방을 만나서 대화를 해야 합니다. 그러나 불신자를 만나 대화를 한다는 것은 결코 쉬운 일이 아닙니다. 그래서 대화에 능숙하기 위해서는 훈련을 받아야 합니다. 어떻게 훈련을 받으면 상대방에게 담대히 복음을 전할 수 있을까요?

A (1) 반복적으로 훈련을 받아야 합니다.
　우리는 초대교회가 어떻게 전도를 했는지 주목해야 합니다. "저희가 날마다 성전에 있든지 집에 있든지 예수는 그리스도라 가르치기와 전도하기를 쉬지 아니하니라"(행 5:42). 초대교회가 '날마다' 예수는 그리스도라 가르치고 전도하기를 쉬지 않았다는 것은 반복 훈련을 했다는 것입니다. 지식은 반복하지 않으면 자신의 것이 되지 않습니다. 자기의 몸에 익숙할 때까지 계속해서 반복해야 합니다.
　가수가 노래를 한곡 취입하기 전에 먼저 가사를 익힐 목적으로 10번 정도를 연습한다고 합니다. 그 후 50번 정도 더 반복 연습하면 감정 표현이 자유롭게 된다고 합니다. 그리고 방송에 나갈 때는 300번 정도 연습하고 나간다고 합니다. 우리는 복음이라는 최고의 상품을 파는 자들입니다. 이 일에 최고의 전문가가 되기까지 계속적인 반복을 통하여 전도가 몸에 배이게 해야 합니다. 반복하는 자만이 최고 수준의 복음 전도자가 될 수 있습니다.

　(2) 다음과 같은 내용들을 훈련해야 합니다.

첫째, 노크훈련을 해야 합니다.

불신자 집의 문을 두드린다는 것은 결코 쉬운 일이 아닙니다. 따라서 문을 두드리는 것도 연습해야 합니다. 노크를 할 때는 크게 두드려야 합니다. 인터폰을 사용하는 경우에는 자신을 밝혀야 하는데 교회에서 나왔다고 하면 곧 바로 거절을 당하기 쉽기 때문에 자신을 다른 방식으로 소개해야 합니다.

예를 들면, '사랑의 편지 보내기 운동 본부'에서 나왔다고 하거나, '같은 동네'에서 왔다고 하거나, '아무개의 소개'로 왔다고 해야 합니다. 노크 훈련과 자신을 소개하는 훈련을 30번 이상 반복해서 연습을 합니다.

둘째, 인사훈련을 해야 합니다.

첫 인사는 매우 중요합니다. 왜냐하면 첫 인사를 어떻게 하느냐에 따라서 상대방의 마음이 열리기도 하고 닫히기도 하기 때문입니다. 길에서 처음 만난 경우 사람들과 가장 무난하게 나눌 수 있는 인사는 '안녕하세요'와 '날씨 인사'입니다. 인사를 하고 나서 자신을 소개해야 합니다.

예를 들어 "안녕하세요. 오늘 날씨가 참 좋네요. 날씨가 참 쌀쌀하네요" 날씨가 좋은데 그렇지 않다고 할 사람이 없고 쌀쌀한데 쌀쌀하지 않다고 할 사람이 없습니다. 그렇게 인사를 하면 상대방이 우리가 도대체 뭐하는 사람일까 궁금하게 생각할 것입니다. 그 때에 자신의 신분을 밝히면 됩니다. 인사하는 훈련을 여러가지 상황을 설정하여 수십 차례 연습을 합니다.

셋째, 칭찬하는 말을 훈련해야 합니다.

집안에 들어가게 된 경우는 자녀에 관한 것이나 상대방에 관계된 말로 이야기의 주제를 바꾸어야 합니다. 자녀에 관한 경우는 "아이가 아주 영리하게 생겼군요", "아이가 엄마 닮아서 아주 예쁘게 생겼네요", "아이를 위하여 기도해 주는 사람이 있나요?"라고 묻습니다. 자녀를 위하여 기도해주는 자가 있느냐고 물으면 영적인 문제까지 접근할 수 있습니다.

상대방에 관한 경우는 무조건 상대방의 좋은 점을 발견해서 칭찬해주어야 합니다. "○○엄마는 살림을 아주 야무지게 잘 하네요", "인테리어를 아주 잘해 놓으셨네요", "피부가 너무 곱네요", "지금도 이렇게 예쁘신데 젊었을 때에는 아주 미인이셨을 것 같아요" 등 다양한 상황을 설정해서 계속해서 연습을 합니다.

넷째, 상대방의 말 듣는 것을 훈련해야 합니다.

듣는 자세가 공손하지 않으면 상대방의 기분을 상하게 할 수 있습니다. 상체가 상대방에게 빨려들도록 해야 합니다. 감정이입을 시켜야 합니다. 상대방이 고통 당한 것을 말할 때에는 "아, 그랬군요. 너무나 마음이 아프셨겠어요"하고 아픔에 동참하는 태도를 보여주어야 합니다. 상대방의 말에 진지한 태도를 취해야 합니다. 대화 중에는 핸드폰이 울려도 받지 말아야 합니다. 대화를 하다가 상대방이 잘못했다고 생각되어져도 잘못을 지적하면 안됩니다.

최고의 전도방법은 잘 들어주는 것입니다. 혹 함께 동석한 사람이 있을 경우는 대화가 이뤄지는 동안 아이를 돌봐주거나, 돌봐줄 아이가 없는 경우는 옆에서 맞장구를 쳐야 합니다. 직접 전도를 하지 않는다고 옆에서 졸거나 핸드폰 받는 등 전도에 집중하지 못하게 하는 행동을 해서는 안됩니다. 실제로 상황을 설정하여 상대방이 말하는 것을 경청하는 연습을 합니다.

· · ·

 전도할 대상자를 만났어도 상대방이 마음의 문을 열지 않으면 복음을 전할 수 없습니다. 어떻게 하면 불신자 마음의 문을 열어 복음을 받아들이게 할 수 있을까요?

A 1) 처음부터 성급하게 전도할 생각을 하지 말아야 합니다.
　처음 만나자 마자 전도하면 거부감을 나타내기 쉽습니다. 여러 차례 만나 인사를 하거나 먹거리를 나누는 등 얼굴을 익힌 다음 좋은 기회를 만났을 때 전해야 합니다.

2) 먼저 자신을 오픈해야 합니다.
　자기를 포장해서는 안됩니다. 자신을 자랑하지 말고 실패한 것을 말해야 합니다. 가정, 사업등의 어려움을 자연스럽게 말합니다. 그러면 상대방도 자신의 고통을 이야기하게 됩니다. 상처가 많은 사람일수록 말이 많다는 것을 알아야 합니다. 그래서 억울한 일을 당하면 사람들이 아무든지 붙잡고 이야기하고 싶어하는 것입니다.

3) 선물로 상대방의 호감을 사야 합니다.
　고가의 선물을 주면 오히려 부담을 가질 수 있기 때문에 큰 선물은 삼가야 합니다. 사랑과 정성을 느낄 수 있는 선물이면 족합니다. 맛있는 식당으로 초청하여 함께 식사하면 쉽게 마음의 문을 열 수 있습니다.

4) 상대방을 친구 관계로 만들어 고민을 털어 놓게 해야 합니다.

상대방과 친한 관계가 만들어지면 묻지 않은 말도 합니다. 자신의 고민을 털어놓습니다. 전도자의 기술은 상대방으로 하여금 고민을 털어 놓게 하는 것입니다. 상대방의 고민은 곧 기도제목입니다. 기도제목만 알아내면 전도는 이미 반은 된 것입니다. 왜냐하면 상대방이 고민을 털어 놓는 것은 마음의 문을 열었다는 것을 의미하기 때문입니다.

5) 상대방을 위해 기도하고 기도가 응답되어지는 것을 상대방이 느낄 수 있게 해야 합니다.

만날 때마다 하나님께 기도하면 모든 문제를 해결 받을 수 있음을 알게 합니다. 그리고 기도할 때에 하나님께서 주시는 느낌과 생각을 믿음으로 선포합니다. 예를 들어 "○○ 엄마의 병을 하나님께서 고쳐주신다"고 하셨습니다. 상대방은 그런 말을 예삿말로 듣지 않습니다. 하나님께서 전도대상자를 위하여 기도하면 기도의 응답이 빠르게 임합니다. 이것은 전도자에게 따르는 표적이며 권세입니다(막 16:17-18).

> **여자는 천부적인 전도자**
> 여자는 말 수가 남자보다 두 배나 많습니다. 이것은 과학적인 통계입니다. 말을 하지 않으면 궁금해서 못삽니다. 그래서 여자는 천부적인 전도자가 될 가능성이 매우 높습니다.
> 수다를 전도로 바꾸면 살 맛나는 인생을 살게 됩니다. 얼굴이 예뻐지고 병이 낫는 기적이 일어납니다. 전도에 맛들이면 세상 것이 시시하고 재미가 없어져서 동창회 등 각종 모임에 오라고 해도 안 갑니다.

· · ·

 일반적으로 전도를 하면 교회로 곧 바로 데려오려고 합니다. 그러나 그렇게 하면 교회의 정착율이 높지 않습니다. 전도한 사람을 언제 교회에 인도하면 잘 정착할 수 있을까요?

 'D3 양육시스템' 과정에 따라 성경 공부를 체계적으로 배우면 믿음이 성장하게 되어 본인 스스로 교회에 가겠다고 말합니다. 바로 그때에 교회로 인도하면 됩니다. 이런 상태에서 교회에 온 사람은 이미 구원의 확신과 기도의 응답의 확신 가지고 있기 때문에 교회에 정착할 확률이 거의 100%에 달합니다.

• • •

전도의 열매를 맺기 위해서는 뜨거운 구원의 열정과 함께 염두에 두어야 할 몇가지 사항들이 있습니다. 어떤 점들을 염두에 두어야 할까요?

첫째, 지역적 특성에 맞는 전도 전략을 세워야 합니다.

구원의 열정이 불타 올라도 지역 특성에 맞는 전도 전략이 없으면 풍성한 열매를 맺을 수 없습니다. 전도하기 전 지역을 조사하고 지역에 맞는 전도 전략을 수립해야 합니다.

둘째, 조급하지 말아야 합니다.

여리고성은 하루 아침에 무너지지 않았습니다. 매일 한 바퀴씩 돌았고 마지막 날에는 7바퀴를 돈 다음에야 무너졌습니다. 전도 열매의 조급성은 사탄이 주는 고도의 전략임을 알아야 합니다.

셋째, 교회가 전도할 지역을 악평해서는 안 됩니다.

가나안 정탐꾼 중 탐지한 땅을 보고 악평한 10명은 가나안 땅에 들어가지 못했지만, 심히 아름다운 땅이라고 호평한 여호수와 갈렙은 가나안 땅에 들어갔습니다(민수기 13장, 14장). 따라서 우리가 전도하는 곳은 기가 막히게 좋은 동네라고 말해야 합니다. 하나님께서 우리의 말이 하나님의 귀에 들린 대로 행하신다고 말씀하셨습니다(민 14:28).

넷째, 전도 대상지역을 정기적으로 돌아야 합니다.

왜 전도대상 지역을 정기적으로 돌아야 할까요? 인생은 형통이라는 씨줄과 곤고라는 날줄로 엮어져 있기 때문이다(전 7:14). 사람은 처한 상황에 따라 각각 다른 반응을 보입니다. 즉 고난을 당할 때에는 하나님을 찾지만 형통할 때에는 하나님을 찾지 않습니다. 사람은 언제 곤고한 날을 맞이할지 알 수 없기 때문에 전도 대상지역을 정기적으로 돌아야 하는 것입니다.

다섯째, 여리고성에 기생 라합이 있었음을 알아야 합니다.

하나님께서 적진에 기생 라합을 준비시키셔서 여리고 정복을 돕게 하셨듯이 우리가 전도할 지역에 우리를 도울 자가 이미 준비되어 있음을 알아야 합니다. 따라서 하나님께서 준비하신 기생 라합을 만날 수 있게 해 달라고 기도해야 합니다. 그리고 준비하신 사람을 통하여 그 지역의 정보를 제공받아야 합니다.

여섯째, 복음전도자는 복음을 증거할 책임만 있음을 알아야 합니다.
여리고성이 어떻게 무너졌습니까? 여리고성을 돌라는 명령대로 하루에 한 바퀴씩 돌고, 마지막 날에는 7번 돌며 제사장들이 나팔을 불고 백성들이 외칠 때에 무너졌습니다. 다시 말해서 이스라엘 백성들이 직접 여리고성을 무너뜨린 것이 아닙니다. 그들이 말씀에 순종하자 하나님께서 무너뜨리신 것입니다. 마찬가지로 우리에게는 복음 전할 책임만 있지 복음을 믿게 할 책임은 없습니다. 복음을 받아들이게 하는 것은 성령께서 하시는 일입니다. 영혼이 구원받는 것은 하나님의 손과 그분의 시간표에 달려 있습니다. 오직 우리는 복음을 전하기만 하면 됩니다.

일곱째, 교회의 조직과 행정을 열린 체제로 운영해야 합니다.
조직에는 공격적인 조직과 수비적인 조직이 있는데 대부분의 교회의 구역은 수비적인 조직입니다. 수비적인 조직은 형식적이기 때문에 자기의 능력을 발휘할 수 없을 뿐만 아니라 열심히 수고해도 자기에게 별 유익이 없습니다. 교회의 조직을 공격적인 조직으로 바꾸어서 선의의 경쟁을 하게하여 개인적인 능력을 마음껏 발휘하게 해야 합니다.
현재 교회의 조직은 전도하지 않아도 때가 되면 집사, 권사, 장로가 되고 구역장이 되고 교구장이 됩니다. 그러나 이런 조직 체제를 가지면 교회가 부흥할 수 없습니다. 전도자에게 권한을 대폭 이양해 주어야 합니다. 전도를 많이 한 자가 구역과 교구를 관리할 수 있도록 권한을 주어야 합니다. 전도자가 스스로 전도 계획을 세우고 전도대상자를 찾아 나서게 해야 합니다.

누구나 전도 왕이 될 수 있습니다

이병래 장로는 법무사로 활동하면서 수많은 사람을 전도한 각설이 전도 왕입니다. 그도 원래는 전도를 할 줄 몰랐던 사람이었습니다. 그런데 아내가 병상에 눕게 되었을 때 길 건너편에서 들려오는 차임벨 소리를 듣고 다시 신앙생활을 시작하면서 복음을 전하겠다는 각오를 갖게 되었고 전도와 관련된 책자를 읽기 시작하였습니다. 책을 읽는 중에 자신만의 전도법이 생겨났고, 전도의 열매가 맺히기 시작했습니다.

그는 전도활동을 하면서 두 가지 사실을 깨달았다고 합니다.

하나는 교회를 다니지 않는 많은 사람들이 실제로는 교회에 다니고 싶어한다는 사실이고, 또 하나는 믿는 성도들이 전도를 어렵게만 생각한다는 사실입니다. 그는 전도는 은사가 아니라고 말합니다. 누구든지 두려움을 버리고 매일같이 전도하면 전도 왕이 될 수 있다고 말합니다. 당신도 전도 왕이 될 수 있습니다.

제 7 훈련마당
반대 의견 처리법

훈련목표
전도 시 예상되는 질문에 미리 대답하는 훈련을 하여
전도의 두려움을 없애고
전도 현장에서 자신감을 갖게 한다.

지난 훈련마당 복습

1. 전도 현장에 대한 사고의 전환이 필요합니다.
2. 불신자의 닫힌 마음을 여는 방법을 습득해야 합니다.
3. 현장 전도 시 염두에 두어야 할 사항들을 알아야 합니다.

D3 한마디

태초부터 천국과 지옥갈 자가 예정되었을까요?

혹자는 전도는 영생을 주시기로 하나님께서 작정하신 자를 찾는 것이라고 합니다. 이렇게 주장하는 사람은 하나님의 예정을 태초로부터 시작합니다. 그래서 태초부터 택자와 불택자가 정해져 있다고 생각합니다(행 13:48). 그러나 전도의 정의를 이렇게 내리는 것은 구원의 문제를 운명적으로 생각하는 결과를 초래할 수 있습니다. 성경은 복음을 들은 자들이 어떻게 반응하느냐에 그들의 운명이 결정되어진다고 말씀하는 곳이 훨씬 더 많습니다. 복음을 듣고 예수를 영접하면 구원을 받고, 받아들이지 않으면 지옥에 가는 것입니다.

즉 어떤 사람이 택자와 불택자로 결정되는 출발점은 태초가 아니라 복음에 대한 반응을 보일 때입니다. 그래서 바울이 선택을 말할 때에는 항상 '그리스도안에서' 라고 말하는 것입니다(엡 1:3). 처음부터 지옥에 가기로 작정된 자는 없습니다. 예수를 믿지 않는 자만이 지옥에 가는 것입니다. 하나님은 모든 사람이 구원받기를 원하십니다(딤전 2:4).

 전도는 거절에서부터 시작됩니다. 불신자가 전도자를 기다렸다는 듯이 맞이하는 경우는 거의 없습니다. 대부분의 불신자들은 복음을 거절합니다. 왜 기쁜 소식을 전하는데 사람들이 거절할까요?

 무엇보다도 마귀가 불신자들의 마음에 복음을 거절하도록 역사하기 때문입니다. 예수를 영접하면 마귀의 자녀에서 하나님의 자녀가 되기 때문에 마귀는 목숨 걸고 복음 전하는 것을 방해합니다. 또한 복음전도자가 자신들이 견지하고 있었던 가치관과 전혀 다른 주장을 하기 때문입니다. 즉 지금까지 자신이 인생의 주인이라고 생각했는데 하나님이 주인이라고 주장하고, 세상 것만 바라보고 살았는데 천국에 대한 이야기를 하고, 이 세상으로 끝난다고 생각했는데 죽음 이후의 세계가 있다고 주장하기 때문입니다.

• • •

예수께서 "너희를 영접하는 자는 나를 영접하는 것이요 나를 영접하는 자는 나 보내신 이를 영접하는 것이니라"고 말씀하셨습니다(마 10:40). 이 말씀은 전도자를 거절하는 것은 전도자를 거절하는 것이 아니라 예수님을 거절하는 것이라는 뜻도 됩니다. 그렇다면 우리가 불신자들에게 거절 당할 때에 어떠한 자세를 취해야 할까요?

 우리가 전도할 때에 거절 당하면 자신이 거절당한 것으로 생각하여 쉽게 좌절하거나 낙심을 합니다. 그러나 생각을 바꾸어야 합니다. 자신이 거절당하고 무시당한 것이 아니고 예수님이 거절 당하시고 무시를 당하신 것입니다. 주님을 거절한 자의 최후는 지옥이기 때문에 거절 당할 경우 오히려 그들을 불쌍히 여기는 마음을 가져야 합니다.

∙ ∙ ∙

 불신자들이 거절하는 내용을 들어보면 거의 잘못 알고 있거나 편견임을 알 수 있습니다. 어떻게 하면 불신자들을 오해와 편견에서 벗어나게 할 수 있을까요?

 오해와 고정 관념은 쉽게 바뀌지 않습니다. 그렇기 때문에 무엇보다도 성령께서 그들의 생각을 바꿔주시도록 기도해야 합니

다. 또한 대화를 하여 잘못 알고 있는 것을 바로 알 수 있도록 설득해야 합니다. 그러기 위해서는 불신자의 반대 의견을 예상하여 대처하는 법을 훈련할 뿐만 아니라 인내의 마음을 가지고 끝까지 설득해야 합니다.

복음을 전할 때 상대방이 어떤 질문을 할지 모릅니다. 따라서 각 상황에 맞게 답변할 수 있도록 사전에 준비해야 합니다(벧전 3:15).

> **거절은 수용의 표시**
>
> 대부분 판매원들이 불황이라 상품을 팔기 어렵다고 울상인 점포에서 밝은 표정으로 열심히 일하고 있는 유별난 판매원이 있었습니다. 그는 손님이 상품을 구매하기를 거절해도 낙담하지 않고 오히려 기뻐했습니다. 이를 이상하게 여긴 동료 판매원의 물음에 그는 이렇게 대답했습니다.
>
> "내가 물건을 판매한 기록을 자세히 살펴보니 거절을 많이 당할수록 물건을 팔 확률이 높더군. 평균을 내보니 10명의 손님이 구매를 거절하면 열한번째 손님은 물건을 사겠다고 하는 경우가 많았어. 그래서 나는 한 번 거절 당할 때마다 이렇게 생각했지. '이제 아홉번만 거절당하면 되겠구나,' '이제 여덟번만 거절 당하면 되겠구나' 하고 말이야. 성공할 가능성이 점점 다가오는데 내가 왜 거절당했다고 마음이 상하겠나. 오히려 신나는 일 아닌가?"
>
> 복음을 거절하는 것은 마귀가 최후로 발악하는 단계에 있기 때문에 나타나는 현상입니다. 반대 의견을 들으면 구원받을 때가 가까왔음을 알고 기뻐하면서 지혜롭게 답변해야 합니다.

• • •

 하나님을 보여주면 믿겠다고 하는 사람을 만났을 경우 어떻게 답변해야 할까요?

A 하나님께서 영으로 존재하시기 때문에 육안으로 볼 수 없는 것은 당연한 것입니다. 그러나 눈에 보이지 않는 하나님을 볼 수 있는 방법이 있습니다. 하나님을 믿으면 그분을 볼 수 있습니다. 육안으로 볼 수 없지만 존재하는 것이 많기 때문에 육안으로 보이지 않는다고 하나님의 존재를 믿을 수 없다고 말하는 것은 타당하지 않습니다.

달나라에 가보지 않았어도 달나라에 가 본 사람의 이야기를 듣고 달나라가 존재한다는 것을 알 수 있듯이 하나님을 직접 보지 못했어도 하나님을 만난 사람들의 이야기를 들으면 하나님께서 계시다는 것을 알 수 있습니다.

⋯

자기 자신을 믿는다고 말하는 사람을 만났을 때에는 어떻게 답변해야 할까요?

A 이런 사람은 자신을 인생의 주인으로 생각하는 사람입니다. 이런 사람에게는 다음과 같은 질문을 던져보십시오. "당신은 마음먹은 대로 다 되느냐?" 그렇지 않다고 할 것입니다. 모든 것이 마음 먹은대로 되지 않고 뜻하지 않은 고난을 당하는 것은 자신이 인생의 주인이 아니라는 증거입니다.

성경은 "사람의 걸음은 여호와께로서 말미암나니 사람이 어찌 자기의 길을 알 수 있으랴"(잠 20:24)고 말씀하고 있습니다. 인생의 주인은 오직 하나님 한 분이십니다. 자기 자신을 믿는다고 말하는 사람은 정말 어리

석은 사람입니다.

• • •

하나님이 있다면 왜 세상이 공평하지 않느냐고 질문하는 사람을 만났을 경우 어떻게 답변해야 할까요?

악한 자들이 세상에서 형통한 것을 보거나, 원치 않게 억울한 일을 당한 자들 중에 이렇게 생각하는 사람이 많습니다. 그러나 하나님의 심판의 속성을 잘 모르기 때문에 이런 말을 하는 것입니다. 하나님은 마지막 날에 최종적으로 심판을 하십니다. 하나님께서 악한 자들을 즉시 심판하시지 않는 것은 그들이 회개하고 돌아오기를 원하시기 때문입니다(벧후 3:9, 참조-마 13:29-30). 모든 사람이 구원받는 것이 하나님의 뜻입니다(딤전 2:4).

• • •

종교는 연약한 인간이 만든 것이라고 주장하는 사람을 만났을 때에는 어떻게 답변해야 할까요?

일반적인 종교는 인간의 연약성에 기인합니다. 즉 종교는 연약한 인간이 뭔가 절대자를 의지하기 위해서 만든 것입니다. 그러나 기독교는 인간이 만든 것이 아니라 하나님께서 먼저 인간을 찾아오심으로 시작된 것입니다. 그래서 타종교는 교주가 사람이지만 기독교는 하나님이신 것입니다. 하나님께서 죄인인 인간들을 사랑하셔서 친히 육신으로 오셔서 십자가에서 대신 죄 값을 치루신 분이 예수 그리스도이십니다.

• • •

교회를 비방하는 사람을 만났을 때에는 어떻게 답변해야 할까요?

교회가 잘못하고 있는 것을 말할 때에 굳이 변명하지 말고 오히려 잘못하고 있는 것들을 인정하는 자세를 보여야 합니다. 잘못을 지적한 것에 대하여 감사한 마음을 전한 후 그들이 잘못 알고 있는 것에 대하여만 바르게 이해하도록 설명하면 됩니다. 교회를 비방하는 자들은 교회에 대하여 관심이 있는 자들임을 알아야 합니다.

• • •

예수 믿는 사람들이 더 악하다고 말하는 사람을 만났을 때에는 어떻게 답변해야 할까요?

A 이런 말을 들을 때에 전도자 자신부터 회개하는 마음을 가져야 합니다. 교회는 죄인들이 모이는 곳이기 때문에 악한 자들이 없지 않아 있지만 그런 사람은 극소수에 불과하다고 말합니다. 몇 마리의 미꾸라지가 맑은 물을 흐려놓듯이 몇 몇의 성숙하지 못한 그리스도인들이 기독교를 욕 먹이고 있음을 언급하고 실제로 숨어서 선한 일을 하는 그리스도인이 많다고 말합니다. 사회 사업 등 선한 일을 하는 사람들은 대부분이 예수를 믿는 자들입니다.

• • •

 왜 교파가 그리도 많으냐고 하는 사람을 만났을 때에는 어떻게 답변해야 할까요?

A 사실 교파가 많이 생긴 것은 교계 지도자들의 잘못 때문입니다. 그러나 불신자들에게 교계 지도자들이 잘못해서 그렇다고 하면 덕이 되지 않기 때문에 지혜롭게 대답해야 합니다. 이런 경우는 나무의 뿌리가 하나이지만 줄기가 많은 것과 같이 똑같은 예수를 믿지만 여러 교파가 있는 것은 당연한 것이라고 답변합니다. 교파가 많은 것은 기독교에 자율성이 있다는 증거이며, 교파가 경쟁적으로 복음을 전파하

기 때문에 복음전파가 더욱 활발하게 이뤄진다고 말합니다.

• • •

 각종 문제를 다 해결한 후에 예수를 믿겠다고 말하는 사람을 만났을 경우에는 어떻게 답변해야 할까요?

 오히려 문제가 있을 때가 하나님을 만날 때임을 주장해야 합니다. 성경에 나오는 많은 사람들이 다 문제가운데서 예수를 만났다고 소개합니다. 모세는 살인자였고, 바울은 잘못된 확신으로 믿는 자들을 핍박하던 자였지만 오히려 그런 문제를 통하여 하나님을 만나 크게 쓰임을 받았다고 말합니다. 모든 인간은 다 문제 속에서 살고 있으며 그 문제는 하나님을 만나는 절호의 찬스임을 알게 해야 합니다(참조, 진짜 주인 이야기). 예수님께 나오면 인간의 근본 문제인 죄 문제뿐만 아니라 육신의 모든 문제를 해결받을 수 있음을 알게 해야 합니다. 각종 문제가 드러난 사람은 전도하기에 가장 적합한 사람입니다.

• • •

타종교를 믿는 사람들을 만났을 때에는 어떻게 답변해야 할까요?

예수 믿지 않으면 지옥에 간다고 말하면 안됩니다. 타 종교인들도 지옥에는 가기 싫어하기 때문에 지옥에 간다는 말을 하면 오히려 마음의 문을 닫습니다. 오히려 그들이 가지지 못한 내적인 평강과 아가페적인 사랑을 보여주므로 그들과 예수를 믿는 자들이 전혀 다르다는 것을 보여 주어야 합니다. 또한 한두 번에 예수를 믿게 하려는 조급한 마음을 버리고 계속 배후에서 그들을 위해 기도하고 잦은 접촉을 통하여 악한 영의 올무에서 벗어날 수 있도록 도와주어야 합니다.

•••

 나중에 믿겠다고 하는 사람을 만났을 때에는 어떻게 답변해야 할까요?

 하루 동안에 우리는 무슨 일을 만날는지 모르며 한치 앞을 내다볼 수 없는 것이 인생임을 강조합니다(잠 27:1, 약 4:13-14). 예로 성수대교 붕괴, 삼풍백화점 붕괴, 대구지하철 사고, 미국 버지니아 공대 총기사건 등을 예로 들어 설명합니다. 그리고 혹 오늘 해야 할 일을 다음 날로 미뤄서 손해를 본 경험이 있지 않느냐고 묻고 지금 믿어야 할 예수를 다음날로 미룬다면 치명적인 손실을 입게 된다고 말합니다.

•••

 예수 믿는 자들은 너무 독선적이라고 말하는 사람을 만났을 때에는 어떻게 답변해야 할까요?

기독교는 너무 독선적이라는 비난을 자주 듣습니다. 그러나 기독교는 독선적일 수밖에 없습니다. 왜냐하면 예수께서 친히 "나는 곧 길이요 진리요 생명이니 나로 말미암지 않고는 아버지께 올 자가 없느니라"(요 14:6)고 말씀하셨고, "다른이로서는 구원을 얻을 수 없나니 천하 인간에 구원을 얻을만한 다른 이름을 우리에게 주신 일이 없음이니라"(행 4:12)고 말씀하고 있기 때문에 예수님을 믿지 않으면 구원을 받을 수 없습니다.

주님께서 마지막으로 승천하시기전 모든 족속으로 제자를 삼으라고 명령하셨습니다. 이 말은 다른 종교는 모두 선교의 대상이 된다는 말씀입니다. 따라서 타종교에도 구원이 있다고 말하는 것은 성경에 반하는 주장입니다.

• • •

 술, 담배도 안하고 무슨 재미로 세상 사느냐고 말하는 사람을 만났을 경우에는 어떻게 답변해야 할까요?

A 그리스도 밖의 사람들은 육신의 정욕과 안목의 정욕과 이 생의 자랑을 따라 살아가기 때문에(요일 2:16) 육신의 쾌락을 좇음으로 기쁨을 맛봅니다. 그러나 사람은 육체만 있지 않습니다. 영혼이 있습니다. 영혼의 기쁨을 맛보면 육체의 기쁨은 의미가 없습니다. 세상을 사랑함으로 얻는 기쁨과 하나님을 사랑함으로 얻는 기쁨은 비교할 수 없습니다. 사람들이 예수를 믿고 술과 담배를 끊게 되는 이유는 술과 담배가 몸에 해로울 뿐만 아니라 술과 담배를 통하여 얻는 기쁨보다 예수님을 통하여 얻는 기쁨이 훨씬 크기 때문입니다.

・・・

 종교는 다 같지 꼭 예수를 믿어야 되느냐고 말하는 사람들을 만났을 경우에는 어떻게 답변해야 할까요?

A 세상에는 기독교만 있는 것이 아닙니다. 불교, 이슬람교, 힌두교, 기타 여러 종교가 있습니다. 모든 종교가 다 착하게 살라고 주장하기 때문에 사람들은 모든 종교가 다 같다고 생각합니다. 그러나 기독교와 타종교는 근본적으로 다릅니다. 타종교는 모두 자신이 노력해야지만 구원 받는다고 주장합니다. 즉 자력 구원입니다. 그러나 기독교는 인간의 수고와 노력으로 구원을 받을 수 없고 오직 예수님의 은혜로만 구원을 받는다고 주장합니다. 즉 타력 구원입니다. 기독교가 타력 구원을 주장하는 것은 인간은 근본적으로 죄인이기 때문에 아무리 선을 행해도 구원받을 수 없다고 생각하기 때문이고, 타종교에서 자력 구원

을 주장하는 것은 인간이 근본적으로 선하므로 착한 행실로 구원을 받을 수 있다고 생각하기 때문입니다.

> **성령으로 전도하게 하라**
>
> 우리가 반드시 알아야 할 것은 불신자들의 질문에 답변을 잘해준다고 그들이 예수님을 영접하는 것이 아니라는 것입니다. 성령께서 그들의 마음의 문을 여셔서 예수를 영접하게 하셔야 합니다. 따라서 사람의 지혜로운 말로 그들을 설득하려 하지 말고 성령께서 그들을 움직이시도록 해야 합니다(고전 2:4-5). 그러기 위해서는 전도하기 전 성령의 충만을 받기 위해서 기도해야 하고 전도 현장에서 순간 순간 성령을 의지해야 합니다.

전도, 하면 됩니다

어느 회사를 경영하는 사장이 신앙생활을 잘하고 있었습니다. 꼭 주일이면 아무것도 하지 않고 교회에 가서 예배를 드리고 봉사도 열심히 했습니다. 그러나 다른 사람에게 예수를 믿으란 말을 한마디도 못하고 있었습니다.

그러던 어느 주일 설교를 듣고 나서 그동안 전도하지 못한 자기의 잘못을 회개하고 꼭 전도를 하겠다는 결심을 하고 자기 회사 사무실에 나가서 사장 자리에 앉았습니다. 조금 후 문을 열고 제일 먼저 들어온 사람은 자기 비서였습니다. 가만히 생각해보니까 이 비서에게 한 번도 예수를 믿으라고 전도해 본 일이 없었습니다. 그래서 먼저 비서가 교회에 다니고 있는지 물어보았습니다. 그랬더니 이 비서가 놀란 표정을 짓더랍니다. 그 때 사장이 예수를 믿어야 구원을 받는다고 전도하자, 비서가 이렇게 말을 하더랍니다.

"제가 사장님을 15년 동안 모셨는데 저한테는 한 번도 전도를 안 하셔서 제 생각에 저 같은 존재는 예수를 믿을 수 없나보다 생각했습니다. 오늘 이렇게 저한테 전도를 해주시니 감사합니다. 저도 다음 주일부터는 교회에 다니겠습니다."

　전도는 하면 됩니다. 입을 열어 복음을 전하기만 하면 됩니다. 당신은 행복한 전도자입니다.

제 8 훈련마당
전도꾼의 능력 개발

훈련목표
초대교회의 스테반과 빌립처럼
전도 현장에서 능력 전도를 할 수 있도록 한다.

지난 훈련마당 복습

1. 전도시 불신자의 거절을 당연한 것으로 생각하도록 훈련합니다.
2. 다양한 상황을 설정하여 반대의견에 답하는 것을 연습합니다.

D3 한마디

예수의 이름을 사용하면 하나님께서 일하십니다.

인도에서 평생을 바친 스탠리 존스라는 선교사가 있는데, 그 분이 89세에 뇌출혈로 반신불수가 되었습니다. 그래서 강제로 보스턴에 있는 병원에 입원을 시켰는데 치료하는 의사가 들어오면 언제나 이렇게 부탁을 했다고 합니다.

"닥터, 나에게 이렇게 말해 주세요. 나사렛 예수 그리스도의 이름으로 스탠리야 걸으라." 하고 부탁을 하니까 의사가 만날 때마다 "나사렛 예수 그리스도의 이름으로 명하노니 스탠리야 걸으라."하고 말해 주었습니다. 그러면 스탠리 선교사는 "아멘"하고 대답했습니다. 간호사가 들어와도 역시 같은 부탁을 했습니다. 그래서 간호사가 "나사렛 예수 그리스도의 이름으로 명하노니 스탠리야 걸으라"하면 스탠리는 "아멘"하고 대답했습니다.

90세가 다 되어 이러는 것이 약간 노망한 것이 아닌가 하는 생각을 할 수도 있습니다. 그런데 놀랍게도 스탠리 선교사님은 6개월 만에 병상을 박차고 일어 났습니다. 그리고 또 다시 선교하러 인도에 갔다고 합니다. 우리가 예수의 이름을 사용하면 하나님께서 기적을 행하십니다. 예수의 이름을 사용하여 전도 현장에 그분의 능력을 드러내야 합니다.

 '능력 전도'라는 말을 들어보셨을 것입니다. 능력 전도를 어떻게 이해하고 있는지 적어보십시오.

 능력 전도는 단순히 말로만 복음을 전하지 않고 전도 현장에서 병든 자를 고치고 귀신을 쫓아내고 각종 상담을 통하여 문제를 해결해주는 전도 방법입니다. 사도바울은 데살로니가교회에 보낸 편지에서 능력 전도를 했다고 주장하고 있습니다. "이는 우리 복음(福音)이 말로만 너희에게 이른 것이 아니라 오직 능력(能力)과 성령(聖靈)과 큰 확신(確信)으로 된 것이니 우리가 너희 가운데서 너희를 위하여 어떠한 사람이 된 것은 너희 아는 바와 같으니라"(살전 1:5).

• • •

오늘날 전도 현장에서는 성령의 능력이 나타나는 것을 목격하기 힘이 듭니다. 그러나 전도 현장에 성령의 능력이 나타나야 합니다. 왜 우리가 능력 전도를 해야 할까요?

A^{D3} 첫째로, 주님께서 능력 전도를 하라고 명령하셨기 때문입니다.
    예수께서 복음을 전하기전 성령으로 능력을 받으라고 하셨습니다(행 1:8). 이 말씀은 전도를 말로만 하지 말고 성령의 능력으로 하라는 것입니다. 왜 그렇게 하라고 말씀하셨을까요? 말로만 전하면 복음의 역사가 일어나지 않기 때문입니다. 능력 전도는 선택이 아닙니다. 명령입니다. 예수님도 친히 능력 전도를 하셨고(행 10:38), 사도 바울도(행 13:4-12; 행 14:8-10; 행 16:16-18; 행 19:8-20; 행 28:1-5; 고전 1:1-25), 베드로도(행 3:1-19; 행 5:12), 스테반도(행 6:8), 빌립도(행 8:4-13) 능력 전도를 했습니다.

    둘째로, 각색 질병가운데 있는 사람들이 많기 때문입니다.
    예로부터 404병이라는 말이 있습니다. 404병이란 오장(심장, 비장, 간장, 신장, 폐장) 6부(대장, 소장, 위, 담, 방광, 삼초)에 81가지씩 드는 병 중에서 죽음이라는 병을 제외한 404가지를 일컫는 말입니다. 그런데 병 종류가 404가지만 있는 것이 아닙니다. 그 수가 날이 갈수록 더해만 가고 있습니다. 병 없는 자가 없을 정도로 온 세상은 아픈 자들로 가득 차 있습니다. 그렇기 때문에 복음을 전하기 위해서는 예수께서 복음을 전하시면서 병든 자를 고치신 것처럼 그들을 치유해야 하는 것입니다(마 4:23-24).

    셋째로, 귀신에 사로잡힌 자들이 많기 때문입니다.
    이 세상에는 귀신들에게 붙잡혀 사는 자들이 수없이 많이 있습니다. 그런데 어느 누구도 귀신을 쫓아낼 수 없습니다. 오직 주님의 능력으로만 쫓아낼 수 있습니다. 예수께서 더러운 귀신을 쫓아내셨고, 빌립도 사마리아 성에서 복음을 전할 때에 귀신을 쫓아냈습니다. 예수께서 마지막으로 제자들에게 '온 천하에 다니며 만민에게 복음을 전하라' 고 하시고,

예수의 이름으로 귀신을 쫓아내라고 명령하셨습니다(막 16:15-18).

넷째로, 말씀이 확실히 증거되기 때문입니다.
능력 전도를 하면 보이지 않는 하나님을 볼 수 있게 되어 불신자들이 쉽게 마음의 문을 열 뿐만 아니라, 복음 전도자 자신도 체험적인 신앙을 가지게 되어 복음을 담대하게 전할 수 있습니다. 성경은 제자들이 복음을 전파할 때에 따르는 표적으로 말씀을 확실히 증거했다고 말씀하고 있습니다(막 16:20).

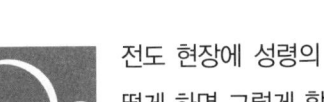

Q3 전도 현장에 성령의 능력이 나타나는 것은 당연한 것입니다. 어떻게 하면 그렇게 할 수 있을까요?

 첫째로, 성령의 능력이 임하도록 전심으로 기도해야 합니다(행 4:31).
기도는 복음의 문을 여는 열쇠일 뿐만 아니라(골 4:3) 복음을 전달하는 과정에서도 하나님의 능력이 나타나게 하는 강력한 도구입니다.

둘째로, 믿음으로 신자들에게 주신 권리를 사용해야 합니다.

믿는 자들에게는 귀신을 쫓아내고 병든 자를 치유하는 능력을 사용할 수 있는 권세가 있습니다(막 16:15-18). 그러나 이 권세는 사용하지 않으면 무용지물입니다.

셋째로, 중보 기도팀의 도움을 받아야 합니다.
전도 현장은 영적 전쟁터입니다. 전쟁 시 전방에서 싸움에 이기도록 후방에서 지원하듯이 영적 전쟁터인 전도 현장에 갖가지 표적이 나타나도록 뒤에서 기도로 후원해야 합니다.

> 능력 전도도 전도의 한 방법이기 때문에 기존의 전도방법들을 무시하면 안 됩니다. 영혼을 구원하기 위해서는 주님께서 주신 모든 방법을 사용해야 합니다.

넷째로, 실제 상황에 대비하여 능력 행함을 연습해야 합니다.
전도할 때에 성령께서 친히 역사하시지만 실제 상황에 대비하여 연습하면 훨씬 유익합니다. 평소 집에서나 교회에서 믿음으로 능력을 행하면 전도 현장에 나가 복음을 전할 때, 보다 더 담대하게 대처할 수 있습니다.

병든 자를 만났을 때에

1. 기도하기 전, 하나님께서 치유의 기적을 행하실 것이라고 믿음을 갖게 합니다.

기대감을 불러일으키고 권위 있게 믿음으로 선포합니다. 복음 사역 현장에는 하나님이 늘 함께하시기 때문에 기적이 일어나게 되어 있습니다. 사도행전 11장 21절은 "주의 손이 그들과 함께 하시매 수다한 사람이 믿고 주께 돌아오더라" 고 말씀하고 있습니다.

2. 약속의 말씀을 붙잡고 기도해야 합니다.

무엇보다도 이사야 53장 5절 말씀을 의지해서 기도해야 합니다. 치료하신다는 약속의 말씀을 붙잡아야 흔들리지 않습니다(사 53:5; 약 5:14-16).

3. 명령 기도를 하십시오.

기도에는 간구형과 명령형이 있는데 전도 시 신유 기도는 명령형으로 하는 것이 좋습니다. 예를 들어 "하나님 아버지, 병든 몸을 고쳐 주시옵소서"라고 하지 말고 "병든 몸은 치료될지어다."라고 선포하십시오. 우리가 믿음으로 선포한대로 주님이 일하십니다.

"사랑하는 누구 안에서 ○○질병을 일으키는 악한 영은 떠나갈지어다"라고 한 번 이상 선포합니다. '귀신' 보다는 '악한 영' 이라고 말하는 것이 좋습니다. 병 종류에 따라 아래와 같이 명령하면 됩니다.

1) 치매 - 치매를 일으키는 원인은 알츠하이머병과 혈관성 치매 등이 80-90%에 이릅니다. 그런데 알츠하이머병을 일으키는 원인이 21, 14, 1, 19번 염색체에 이상이 있기 때문이므로 "치매를 일으키는 이상 염색체는 정상으로 될지어다"라고 명령하거나 "혈관은 정상으로 회복될지어다"라고 명령합니다.

2) 열병 - 열이 많을 때에는 "체온을 조절하는 중추는 정상이 될지어다."라고 명령합니다.

3) 변비와 설사 - 수분을 어떻게 뺄아 당기느냐에 따리 변비와 설사가 결정됩니다. 따라서 변비의 경우는 "변비조절중추가 정상으로 될지어다"라고 하고, 설사인 경우는 "설사조절중추가 정상으로 될지어다"라고 명령합니다.

4) 심장병 - 마음과 직결됩니다. 늘 마음의 평화를 가지도록 해야 합니다. "심장은 정상 박동할지어다. 심장의 이상은 정상으로 치유될지어다.

부동맥은 예수의 이름으로 치유될지어다."라고 명령합니다.

5) 방귀 - 방귀는 장 기능에 문제가 있기 때문에 발생하므로 "장은 연동운동을 정상으로 할지어다"라고 합니다.

6) 소화불량 - 소화불량은 위가 정상으로 작동하지 않아 생기기 때문에 "예수의 이름으로 위는 소화운동을 정상으로 할지어다"라고 합니다.

7) 고혈압, 동맥경화 - 혈관병입니다. 따라서 이런 병은 "혈관은 치유될지어다. 콜레스토롤은 떨어질지어다"라고 기도합니다.

8) 중풍 - 기도하면 뇌세포가 생깁니다. 따라서 뇌에 손을 얹고 "뇌세포는 살아날지어다. 정상기능을 발휘할지어다." 그 다음은 마비된 손을 붙잡고 움직이지 않아도 믿음으로 당기면서 기도합니다. "마비된 발은 이완될지어다. 손은 펴질지어다"라고 기도합니다. 중풍은 적당히 하면 안됩니다. 발이건 팔이건 관계하지 말고 기도하고 바로 펴야 합니다. 예수의 이름으로 팔을 뻗게 하고 다리를 뻗게 해야 합니다. 그리고 "굳었던 근육과 인대는 다 이완될지어다"라고 명령을 합니다.

9) 두통 - 원인이 300여 가지가 되지만 머리의 실핏줄들이 경련을 일으킴으로 신축하여 피가 가다가 막히기 때문에 발생하는 것입니다. 즉 혈관의 수축 이완으로 오는 것이 두통입니다. "예수의 이름으로 두통은 떠나가라. 예수의 이름으로 두피의 혈관들은 다 이완될지어다"라고 명령합니다.

10) 피부병 - 피부병의 원인은 정신적인 요인이 거의 대부분입니다. 마음에 한이 맺혀있는 경우에 피부병이 잘 생깁니다. 우리가 신경을 많이 쓰면 얼굴에 뭔가 나는 것도 그런 경우입니다. 관절염과 류마티스도 다 정신적인 것에 기인함을 알아야 합니다. 원수관계를 맺고 사는 사람들에게 이런 병이 자주 나타납니다. 상대방을 용서하도록 하고 다 풀도록 해야 합니다. 그리고서 "피부병은 깨끗하게 치유될지어다"라고 명령합니다.

11) 아토피성 피부염 - 몸 안에 독소가 밖으로 나옴으로 피부에 염증이

생기는 것입니다. 따라서 "예수의 이름으로 몸 안에 있는 독소는 다 이 뇨될지어다. 가렵게 하는 요소들은 다 빠질지어다. 알레르기를 일으키는 영은 떠나갈지어다."라고 명령합니다

12) 갑상선 - 갑상선은 호르몬의 분비에 따라서 결정되기 때문에 "예수의 이름으로 호르몬의 분비는 정상이 될지어다. 항진증, 저하증은 정상으로 될지어다."라고 명령합니다.

13) 공해병 - 뇌의 면역기능이 항진되면 몸이 피곤합니다. 따라서 이런 경우는 "예수의 이름으로 면역 체계에 항진된 것은 떨어질지어다."라고 명령합니다.

14) 당뇨 - 췌장이 인슐린을 정상으로 분비하지 못하기 때문에 일어나는 병이므로 "예수의 이름으로 췌장은 적당한 인슐린을 분비할지어다"라고 명령합니다.

> **이런 점에 주의하세요**
> 1) 복음을 제시하기 전에는 치유 기도를 하지 마십시오.
> 2) 암은 암이라고 하지 말고 종양이라고 하십시오. 종양에는 악성 종양과 양성 종양이 있는데 "종양은 뿌리 채 마를지어다"라고 명령 기도합니다.
> 3) 한 두 번 해서 치유가 되지 않는다고 포기하면 안됩니다. 믿음으로 계속해야 합니다.

귀신들린 자를 만났을 때에

1. 귀신의 정체를 알아야 합니다.

귀신은 불신자가 죽어서 되는 것이 아니라 타락한 천사입니다. 귀신은 마귀가 부리는 영이기 때문에 마귀가 하는 일을 귀신도 합니다.

2. 귀신들림과 정신병은 구별해야 합니다.

　자해 행위를 하고, 사람을 회피하고, 고립하여 살려하고, 옷을 벗고, 소리를 지르기도 하고, 혼자서 얘기하고, 환각을 경험하는 것 등은 귀신들림과 정신병에서 공통적으로 나타나지만, 또한 아래와 같이 상이점도 있기 때문에 모든 정신병을 귀신에 의한 것으로 보아서는 안됩니다.

　첫째, 귀신들린 자는 초자연적인 지식과 능력이 있지만 정신병자는 그렇지 않습니다. 둘째, 귀신들린 자는 이야기에 논리성이 있지만, 정신병자는 그렇지 않습니다. 셋째, 귀신들린 자는 예수의 이름에 민감하게 반응을 보이지만 정신병자는 그렇지 않습니다. 따라서 교회나 기도원에 가자고 할 때에 쉽게 따라 가는 사람은 정신병자일 가능성이 높습니다.

3. 귀신은 죄와 아주 밀접한 관계에 있음을 알아야 합니다.

　죄 가운데 있는 불신자들은 귀신에게 사로 잡혀 살 확률이 매우 큽니다. 특별히 마음에 큰 상처를 받거나 점, 사주, 궁합 등을 좋아하고 제사를 자주 드리는 사람들은 더 더욱 그렇습니다.

4. 축사 사역을 할 때에 아래 사항들을 주의해야 합니다.

　1) 우리의 능력은 오직 예수입니다. 따라서 예수의 이름으로 축사를 해야 합니다. "믿는 자들에게는 이런 표적이 따르리니 곧 저희가 내 이름으로 귀신을 쫓아내며 새 방언을 말하며"(막 16:17)

　2) 예수의 이름에 권세가 있지만 귀신이 한 번에 나가는 것이 아닙니다. 따라서 귀신이 나갈 때까지 끝까지 인내하며 축사해야 합니다.

　3) 악령들은 축사 사역자를 무척 싫어합니다. 그래서 이 사역을 할 때 공격을 많이 받습니다. 그러나 복음을 인하여 고난을 당할 때에 상이 크다는 사실을 알아야 합니다.

　4) 크게 소리 지르면 쉽게 피곤해지게 되어 사역을 포기하게 됩니다.

마귀는 이것을 알고 축사자들을 화나게 하여 목을 빨리 쉬게 합니다.

5) 귀신이 떠난 후에도 환자의 몸이 아플 수 있습니다. 따라서 축사 후에는 쉬게 해야 합니다. 또한 근원은 나갔다 해도 잠시 증상은 그대로 남아 있을 수도 있습니다.

6) 귀신을 쫓아도 자신의 능력으로 쫓는 것이 아니기 때문에 교만하면 안됩니다.

7) 혹 축사자가 죄를 지었어도 믿음으로 당당하게 축사해야 합니다.

8) 마귀와의 싸움은 승리가 보장된 것임을 알아야 합니다.

> **전도 현장과 능력 행함**
> 우리에게는 전도 현장에서 능력을 행할 수 있는 권세가 있습니다. 그런 능력이 있음에도 불구하고 나타나지 않는 것은 전도 현장에서 그 능력을 사용하지 않기 때문입니다. 주님께서 능력으로 전도하셨기에 우리도 현장에서 능력으로 전도해야 합니다.
> 사용하십시오. 역사가 나타날 것입니다. 그래서 자신도 놀라고 그것을 보는 다른 사람도 놀라게 될 것입니다.

결단을 뛰어 넘는 실천

햇살 뜨거운 어느 여름날 오후, 개구리 세 마리가 나뭇잎에 올라탄 채 유유히 강물에 떠내려가고 있었다. 나뭇잎이 강의 중간쯤에 이르렀을 때 그 중 한 마리가 갑자기 벌떡 일어나 결심했다는 듯 단호하게 외쳤다.

"너무 더워, 난 물속으로 뛰어들테야!" 다른 개구리들은 그저 묵묵히 고개를 끄덕였다.

자, 이제 나뭇잎에는 몇 마리의 개구리가 남았을까요? 아마도 '두 마리'라고 대답할 것입니다. 그러나 그렇지 않습니다. 나뭇잎 위에는 여전히 개구리 세 마리가 남아 있습니다. 왜냐하면 물속에 뛰어든다고 말만

했지 실제로 뛰어들지 않았기 때문입니다.

　결심과 실천은 전혀 다릅니다. 이제 전도하기로 결단만 하지 말고 실제로 전도자로 살아가십시오. 당신은 주님이 가장 기뻐하시는 전도자입니다. 축하합니다.

부록

본서 길라잡이
간증 전도법
영적지도 전도법
소책자 전도법
월삭 전도법
삼겹줄 기도 전도법
입주아파트 전도법
전도용품 구입방법

본서 길라잡이

이렇게 사용합니다.

1. 본 전도훈련교재는 D3양육시스템(세계에서 가장 빠르고 단순한 양육시스템) 사역자 훈련과정을 마치고 평신도사역자로 임명을 받은 자를 보충 훈련하기 위해 만든 것이지만 교회의 사정에 따라 자유롭게 사용하실 수 있습니다.
2. 단순히 전도에 관한 지식을 습득하게 하는데 목적이 있지 않고 실제로 전도할 수 있는 능력을 갖게 하는데 있기 때문에 한번 공부하는 것으로 그치지 말고 반복해서 훈련하는 것이 좋습니다.
3. 전도훈련 시간은 2시간 내외로 하며 훈련시마다 전도에 관련된 찬송을 부르고 합심기도를 합니다.
4. 여덟 훈련마당으로 편성되어있지만 한 주에 두과씩 훈련하여 한 달 과정으로 운영해도 무방합니다.

전도훈련 후 이렇게 하세요.

1. 훈련받은 사람은 반드시 전도하기 위해 사람을 만나야 합니다.
2. 교회 안에 전도팀이 만들어진 경우는 정한 시간 교회에 함께 모여 기도하고 전도하는 것이 좋지만, 그렇지 못한 경우는 전도자가 편한 시간에 개인적으로 전도해도 무방합니다.
3. 2인 일조로 전도하는 것이 원칙이지만 혼자 해도 무방합니다.
4. 훈련받은 사람이 직장인이면 직장에서, 학생이면 학교에서 전도해야 합니다.
5. 전도시 전도소책자(족보이야기, 진짜 주인이야기, 명품 인생이야기- 우리하나출판사)를 사용하면 쉽게 전도할 수 있습니다.
6. 전도한 후에는 전도사역 일지를 적어 교회에 보고해야 합니다(팀인 경우는 팀장만).
7. 전도대상자 명단을 주보에 올려, 기도 모임마다 기도하고, 중보기도팀을 통하여 기도하게 합니다.
8. 전도의 열매가 맺힌 경우는 곧 바로 교회로 인도하지 말고, 전도자가 양육하는 과정 중 본인이 교회에 인도해 달라고 요청할 때에 합니다. 단 전도자가 양육할 자신이 없는 경우는 다른 사역자에게 소개하거나 곧 바로 교회로 인도해도 됩니다.

간증 전도법(행 22장, 26장)

바울은 유대인들(행 22장)과 아그립바 왕(행 26장) 앞에서 아래와 같이 예수를 증거했습니다.

1) 예수를 믿기 전에는 어떻게 살았는가?
2) 예수를 어떻게 믿게 되었는가?
3) 예수를 믿은 후에는 삶이 어떻게 변화되었는가?

▶ 복음 전도자는 예수를 믿기 전에 자신이 어떻게 살았는지, 어떻게 예수를 믿게 되었는지, 믿고 난 후 삶이 어떻게 변화되었는지를 설명할 수 있도록 준비해야 합니다. 변화된 삶이 없이는 전도할 수 없습니다. 전도하기 위해서라도 삶이 변화되어야 합니다.

영적 지도 전도법

1. 영적 지도를 작성하는 것은 간단히 말하면 지역 조사를 하는 것입니다. 교회를 중심으로 전도할 구역을 정하고 집집마다 찾아가서 각 집의 영적 상태를 파악합니다. 가구별로 전도에 대한 반응을 기록합니다(교패가 붙어 있어도 파악해야 합니다. 왜냐하면 이사를 가면서 그냥 놔두고 가는 경우가 많기 때문입니다).

2. 각 집의 영적 상태를 파악하고 지속적으로 찾아가야 합니다. 찾아갈 때마다 반응을 기록합니다. 집이 비어 있을 경우는 시간을 바꾸어서 찾아갑니다.

3. 반응 정도에 따라 3가지로 표시합니다. 곧 전도 가능한 집은 '가', 반응이 미온적인 집은 '나', 적대감을 가진 집은 '다'로 표시합니다.

4. 가능한 집을 집중적으로 찾아가되 갈 때마다 선물을 바꿉니다. 선물 명세표를 기록하여 동일한 선물을 주지 않도록 합니다. 부재중인 경우는 전도자가 다녀갔다는 표시를 합니다.

소책자 전도법

1. 전도 소책자는 족보이야기, 진짜 주인이야기, 명품 인생이야기, 살가운 친구이야기 등이 있는데 일상적인 삶을 소재로 상대방의 마음의 문을 열어 예수님을 영접하게 합니다.

2. 광고물 홍수시대라 전단지를 주면 읽지도 않고 곧 바로 쓰레기통으로 던져 버립니다. 그러나 전도 소책자는 버리지 않고 소중히 여깁니다. 그래서 품격 높은 전도를 할 수 있습니다. 무엇보다도 전도자 자신이 소책자를 읽고 은혜를 받아 굳건한 믿음을 소유할 수 있습니다.

3. 전도 방법은 전도자가 전도 소책자의 내용을 파악하여 그대로 사용하는 방법이 있고, 사영리전도처럼 상대방과 함께 읽으면서 전도하는 방법이 있습니다.

4. 상대방의 상황에 맞게 사용하면 더욱 더 효과적입니다. 특별한 문제가 없는 사람에게는 '족보이야기'와 '명품 인생이야기'로, 고난 중에 있는 사람에게는 '진짜 주인이야기'로, 배신당했거나 기타 마음의 상처를 입어 힘들어하는 분들에게는 '살가운 친구이야기'가 적합합니다.

월삭 전도법

1. 월삭은 '초하루' 라는 뜻입니다. 월삭은 구약시대의 절기 중에 하나입니다. 그러나 신약시대에 접어들면서 '월삭' 이 절기에서 사라졌습니다. 월삭 전도는 매주 첫 날을 주일로 지키듯이, 매달 첫 주일을 전도하는 날로 지키는 것입니다.

2. 일반적으로 교회에서 전도를 할 때 봄, 가을 2차례에 거쳐 전도 행사를 기획합니다(총동원 전도주일, 새 생명 전도축제 등). 그러나 매달 첫 주일을 전도하는 날로 지키면 전도하는 분위기가 조성되어 교회가 더욱 더 생명력이 넘치게 됩니다.

3. 월삭 전도 주일 전에 전도 메시지를 전하고 월삭 전도가 교회의 습관이 될 때까지 지속적으로 전도 운동을 벌여야 합니다.

삼겹줄 기도 전도법

1. 영혼을 구원하기 위하여 힘을 모아 기도하는 전도법입니다. "한 사람이면 패하겠거니와 두 사람이면 능히 당하나니 삼겹 줄은 쉽게 끊어지지 아니하니라"(전도서 4장 12절)고 말씀하고 있듯이 서로 힘을 합하여 기도하면 훨씬 효과적으로 전도할 수 있습니다.
2. 전도대상자를 주보에 적고 세 사람이 한 조가 되어 기도 모임시마다 대상자를 위하여 기도합니다. 또 각종 기도모임에서 전도 대상자 명단을 보고 기도하게 합니다.
3. 전도대상자 중에서 곧 열매 맺힐 것이 기대되는 사람은 집중적으로 기도하고 등록한 사람은 주보나 전도대상자 명단에서 다른 색으로 표시 합니다.

4. 삼겹줄 기도전도팀을 만들 때에는 비슷한 연령과 함께 모이기 쉬운 사람들끼리 짜는 것이 좋습니다.

입주아파트 전도법

입주 전 전도
1. 사전 점검일을 알아야 합니다. 사전 점검일은 시공회사가 아파트를 짓고 입주자들에게 입주 한 달 전에 보여주는 날을 말합니다(사전 점검일을 알면 입주할 시기를 알 수 있습니다).
2. 조합장을 미리 만나서 인사를 하고 조합사무실에 화환을 보내 축하를 표합니다.
3. 사전 점검하는 양식을 만들어서 미리 접근을 합니다.
4. 교회 홍보지와 음료수를 준비합니다. 음료수는 날씨에 따라 조절합니다(비오는 날-커피나 따뜻한 음료수, 더운 날-부채, 물, 찬 음료수).
5. 조합 측과 상의하여 아파트 현장에 상황실을 설치합니다(이동식 텐트).

입주 중 전도
1. 상황실을 운영합니다(불가능하면 입주할 성도들의 집을 상황실로 운영함).
2. 입주자들의 편의를 제공해줍니다(청소, 못 박아주는 일, 주변상가 전화번호부 전달).
3. 입주 당일 이삿짐을 나를 때 커피나 물, 음료수 등을 제공합니다. 그러나 이삿짐을 풀자마자 하면 역효과가 날 수 있기 때문에 짐을 어느 정도 옮겼을 때 합니다.
4. 입주 전도 시 주의사항

1) 전도대원들을 철저히 훈련시켜야 합니다.
2) 다른 교회와 다투지 말아야 합니다
3) 조직적인 전도를 해야 합니다.
4) 쉬는 날이 없이 전도해야 합니다.

> 손 없는 날이 언제인지를 알아야 합니다. 불신자들은 1·2일은 동쪽, 3·4일은 서쪽, 5·6일은 남쪽 7·8일은 북쪽에 재가 있다 하여 재가 없는 날을 택하여 이사를 합니다. 9, 10, 19, 20, 29, 30일이 손이 없다고 믿고 있음.
> 시공업체(입주 전)에서 관리업체(입주 후)로 언제 넘어가는지를 파악하고 관리업체와의 관계를 잘 맺어야 합니다(일반적으로 입주 1주일 전에 넘어갑니다).

입주 후 전도
1. 안면 전도(사전 점검일과 입주 중에 만난 사람들을 중심으로)
2. 교두보 전도(기존 성도나 새로 등록한 성도를 통하여)
3. 차량 봉사(아파트에서 버스 정거장이나 지하철까지 무료 운행)
4. 지속적인 교회 홍보(각종 이벤트 행사 기획)

전도용품 구입방법

전도 용품 값이 너무 비싸면 교회뿐만 아니라 상대방도 부담을 가지기 때문에 누구나 부담없이 받을 수 있는 것으로 준비하는 것이 좋습니다. 500원~1000원대가 가장 무난하다고 생각합니다.
▶구입 장소 서울 대경골드(02-777-7954, www.daekyunggold.co.kr)나 신월동 선물 단지를 찾아가면 됩니다.

누구나 전도꾼이 되는
Q&A 전도훈련

글쓴이 | 안창천
디자인 | 김효중

7쇄 인쇄 | 2011. 1. 20
7쇄 발행 | 2011. 1. 20
발행처 | 도서출판 우리하나
발행인 | 안창천
등록일 | 2007. 4. 16
등록 | 제 313-2007-96호
주소 | 서울 마포구 상수동 21번지, 제303A호
주문전화 | 02) 333-0091
팩스 | 02) 333-4490
웹싸이트 | www.urihana.net
E-mail | pacc9191@hanmail.net
판권소유 | 도서출판 우리하나

ISBN 978-89-959529-2-4 04230(전6권)
ISBN 978-89-959529-1-7 04230

값 5,000원

독자의견전화 | 010-4740-4489

도서출판 **우리 하나** 는
세계에서 가장 빠르고 단순한 'D3양육시스템'을 적극 지원합니다.